INSTRUCTION

QUE

LE ROI A FAIT EXPÉDIER

POUR

RÉGLER PROVISOIREMENT L'EXERCICE

DES

TROUPES-LÉGÈRES.

Du 1.er Mai 1769.

A PARIS,
DE L'IMPRIMERIE ROYALE.

M. DCCLXXXII.

TABLE

DES TITRES, CHAPITRES ET ARTICLES Contenus dans cette Instruction.

TITRE 1.er

De l'Armement & Équipement . . . . Page 2

CHAP. 1.er *concernant l'Infanterie* . . . . ibid.

CHAP. 2. *concernant les Dragons* . . . . ibid.

TITRE 2.

Obligations des Officiers & bas Officiers 3

CHAP. 1.er *concernant les Dragons* . . . . ibid.

CHAP. 2. *concernant l'Infanterie* 4

TITRE 3.

Du Maniement du fusil pour les Officiers & bas Officiers de l'Infanterie 6

TITRE 4.

Du Maniement du fusil pour les Caporaux 10

TITRE 5.

De l'École du Soldat 11

TITRE 6.

Formation particulière de l'Infanterie d'une Légion 14

CHAP. 1.er *Formation sur le pied de l'augmentation* . . . . ibid.

CHAP. 2. *Formation suivant la composition actuelle* 18

TITRE 7.

Des Batteries de Tambour pour assembler une Légion 19

TITRE 8.

De l'assemblée particulière de l'Infanterie d'une Légion.... 20

CHAP. 1.er *De l'assemblée de chaque compagnie, & de la visite qui doit en être faite.................* ibid.

CHAP. 2. *De l'Inspection.........................* 21

CHAP. 3. *De la marche de chaque compagnie au lieu d'assemblée.* 23

CHAP. 4. *De l'arrivée du régiment sur son terrein d'exercice...* 24

TITRE 9.

De l'Exercice ou Maniement des armes de l'Infanterie.... 25

CHAP. 1.er *Observations générales.....................* ibid.

1.re PARTIE. *Du maniement du fusil......................* 26

2.e PARTIE. *Du maniement des armes....................* 32

CHAP. 2. *De la charge du fusil à volonté...............* 39

TITRE 10.

Principes généraux pour la Marche & les Évolutions..... 41

CHAP. 1.er *De la marche.........................* ibid.

CHAP. 2. *De la marche en colonne...................* 44

CHAP. 3. *De la marche en bataille...................* 48

CHAP. 4. *De la marche de conversion................* 50

TITRE 11.

Des Manœuvres de détail...................... 53

CHAP. 1.er *Ouvrir & serrer les rangs.................* ibid.

CHAP. 2. *Des à droite & à gauche, & demi-tour à droite par file.........................* 55

CHAP. 3. *Doubler & dédoubler les files...............* 57

CHAP. 4. *Border la haie.........................* 60

TITRE 12.

Des Évolutions.......................... 62

CHAP. 1.er *Des différentes manières de rompre un régiment, ou de le mettre en colonne...............* ibid.

ART. 1.er *Rompre un régiment en avant ou le former en colonne...* ibid.

ART. 2. *Autre manière de former un régiment en colonne........* 63

ART. 3. *Rompre un régiment par quart de conversion*.......... 65

ART. 4. *Rompre un régiment successivement*................ 66

CHAP. 2. *Augmenter ou diminuer le front d'une colonne*.... 67

ART. 1.er *Doubler le front*............................ ibid.

ART. 2. *Dédoubler le front*............................ ibid.

CHAP. 3. *Changemens de direction en colonne*........... 68

ART. 1.er *Diriger la tête d'une colonne à droite ou à gauche*...... ibid.

ART. 2. *Marcher par le flanc de la colonne*................ 69

ART. 3. *Marcher en colonne indirecte ou brisée*............. ibid.

ART. 4. *De la marche de conversion par le flanc de la colonne*..... 70

CHAP. 4. *Des différentes manières de déployer une colonne, pour la former en bataille*.............. ibid.

ART. 1.er *Se former en bataille en avant*................ 71

ART. 2. *Autre manière de se former en avant*.............. ibid.

ART. 3. *Se former par le centre sur l'alignement de la tête de la colonne*.................................. 72

ART. 4. *Se former de pied-ferme sur l'alignement de l'une des divisions de la colonne*...................... 73

ART. 5. *Se former par quart de conversion*................ ibid.

ART. 6. *Se former successivement sur la droite*.............. 74

ART. 7. *Se former obliquement en avant*.................. 75

ART. 8. *Se former obliquement sur l'alignement de l'une des divisions de la colonne*............................ ibid.

ART. 9. *Se former en arrière*.......................... 76

CHAP. 5. *Des changemens de front*................ 77

ART. 1.er *Changer le front sur la droite ou sur la gauche*........ ibid.

ART. 2. *Changer le front obliquement sur la droite ou sur la gauche*.................................. 78

ART. 3. *Reculer l'une des ailes*........................ ibid.

ART. 4. *Changer le front sur le centre*.................... ibid.

CHAP. 6. *Changemens de position*............. 79

CHAP. 7. *De l'ordre oblique par échelon*........... 80

CHAP. 8. *De l'ordre angulaire par échelon*......... 82

CHAP. 9. *De la colonne centrale*................ 84

CHAP. 10. *De la colonne de retraite*............... 87

TITRE 13.

De l'Exercice à feu.............................. 90

CHAP. 1.er *Règles à observer pour l'exécution des feux* 90
CHAP. 2. *Commandemens dont on se servira dans tous les feux* . 91
CHAP. 3. *De l'exécution des différens feux de pied-ferme* 92
CHAP. 4. *Pour faire feu en arrière* 94
CHAP. 5. *De l'exécution des feux en marchant en bataille, en avant ou en retraite* 95
CHAP. 6. *Du feu de chaussée* 96
CHAP. 7. *Du feu de billebaude* 97

TITRE 14.

Simulacre de désordre dans le combat 99

TITRE 15.

Formation particulière des Dragons d'une légion, soit à pied ou à cheval 101
CHAP. 1.er *Formation sur le pied de l'augmentation* .... ibid.
CHAP. 2. *Formation suivant la composition actuelle* 105

TITRE 16.

Du salut 106

TITRE 17.

De l'assemblée particulière des Dragons à cheval 107
CHAP. 1.er *De l'assemblée de chaque compagnie, & de la visite qui doit en être faite* .... ibid.
CHAP. 2. *De l'inspection à cheval* 108
CHAP. 3. *De la marche de chaque compagnie au lieu d'assemblée*. 112
CHAP. 4. *De l'arrivée du régiment sur son terrein d'exercice* ... ibid.

TITRE 18.

Du Maniement des armes à cheval 113
CHAP. 1.er *Observations générales* .... ibid.
CHAP. 2. *Commandement du maniement des armes à cheval* .. 114

TITRE 19.

Principes généraux pour les Manœuvres 120

CHAP. 1.er *Premiers élémens* 120
CHAP. 2. *Règles à observer pour faire mouvoir une troupe* 124
CHAP. 3. *Circonstances qui doivent déterminer la manière de rompre une légion* 125
CHAP. 4. *De la marche en colonne* 126
CHAP. 5. *De la marche en bataille* 129
CHAP. 6. *De la marche de conversion* 132

TITRE 20.

Des Manœuvres de détail 135
CHAP. 1.er *Monter à cheval* .... ibid.
CHAP. 2. *Ouvrir & serrer les rangs* 137
CHAP. 3. *Reculer* 138
CHAP. 4. *Du demi-tour à droite par file* .... ibid.
CHAP. 5. *Des doublemens de division* 139
CHAP. 6. *Border la haie* 141
CHAP. 7. *Mettre pied à terre* 142

TITRE 21.

Des Manœuvres 144
CHAP. 1.er *Rompre par quatre ou par deux* .... ibid.
CHAP. 2. *Se former en bataille en arrivant sur le terrein d'exercice* 145
CHAP. 3. *Des à droite, des à gauche, & des demi-tour à droite par quatre* 146
CHAP. 4. *Des Conversions* 147
ART. 1.er *Du demi-quart de conversion* .... ibid.
ART. 2. *Du quart de conversion* 148
ART. 3. *Du quart de conversion & demi* .... ibid.
ART. 4. *De la demi-conversion* .... ibid.
ART. 5. *De la conversion centrale* .... ibid.
CHAP. 5. *Rompre un régiment ou le former en colonne de différentes manières* 150
ART. 1.er *Rompre en avant* .... ibid.
ART. 2. *Rompre en arrière* 151

ART. 3. *Autre manière de former un régiment en colonne* 152

ART. 4. *Rompre par quart de conversion* 155

ART. 5. *Rompre successivement* .... ibid.

CHAP. 6. *Diminuer ou augmenter le front d'une colonne* 156

ART. 1.er *Dédoubler le front* .... ibid.

ART. 2. *Doubler le front* 158

CHAP. 7. *Changement de direction en colonne* 160

ART. 1.er *Diriger la tête d'une colonne vers la droite ou vers la gauche* .... ibid.

ART. 2. *Marcher par le flanc de la colonne* .... ibid.

ART. 3. *Marcher en colonne indirecte ou brisée* 161

CHAP. 8. *Des différentes manières de former un régiment en bataille* 162

ART. 1.er *Se former en avant* 163

ART. 2. *Autre manière de se former en avant* 164

ART. 3. *Se former sur la droite* 165

ART. 4. *Se former par quart de conversion* .... ibid.

ART. 5. *Se former obliquement* 166

ART. 6. *Se former en arrière* 167

CHAP. 9. *Des changemens de front* 167

ART. 1.er *Changer le front sur la droite ou sur la gauche* 168

ART. 2. *Changer le front obliquement sur la droite ou sur la gauche* .. ibid.

ART. 3. *Reculer l'une des ailes* 169

ART. 4. *Changer le front sur le centre* .... ibid.

CHAP. 10. *Changemens de position* 170

CHAP. 11. *De l'ordre oblique par échelon* 171

CHAP. 12. *Serrer & ouvrir l'ordre de bataille* 173

ART. 1.er *Marcher en muraille* .... ibid.

ART. 2. *Ouvrir les invervalles* 174

CHAP. 13. *De la charge* 175

ART. 1.er *De la charge contre la Cavalerie* .... ibid.

ART. 2. *De la charge contre l'Infanterie* 176

CHAP. 14. *Mettre pied à terre pour combattre* 177

CHAP. 15. *De la retraite* 179

CHAP. 16. *Simulacre de désordre dans le combat* 180

CHAP. 17. *Dispositions d'une avant-garde* .... ibid.

CHAP. 18. *Dispositions d'une arrière-garde*............ 181
CHAP. 19. *De la petite guerre*.................... ibid.
CHAP. 20. *Moyens pour accoutumer les chevaux au feu*..... 183

TITRE 22.

De la Promenade des chevaux........................ 184

TITRE 23.

Des différens Exercices à pied pour les Dragons........ ibid.
CHAP. 1.er *De l'assemblée particulière des Dragons à pied*... 185
CHAP. 2. *De l'inspection à pied*.................. ibid.

TITRE 24.

De l'Exercice ou Maniement des armes à pied pour les Dragons. 187
CHAP. 1.er *Observations générales*................ ibid.
1.re PARTIE. *Du maniement du mousqueton*............ 188
2.e PARTIE. *Du maniement des armes*................ 190
CHAP. 2. *De la charge du mousqueton à volonté*........ 193

TITRE 25.

Des Signaux.................................... 194

TITRE 26.

De la formation d'une Légion...................... 195

TITRE 27.

Observations sur les Manœuvres d'une Légion.......... 196

TITRE 28.

Des Manœuvres de guerre d'une Légion............... 198
CHAP. 1.er *Dispositions générales pour la marche d'une Légion*.. ibid.
CHAP. 2. *Du passage d'un défilé en présence de l'ennemi*..... 199
CHAP. 3. *Du passage d'un défilé en arrière*............ 200
CHAP. 4. *Dispositions défensives d'une Légion marchant en plaine sur trois colonnes*................ 201
1.re DISPOSITION.................................. ibid.

2.ᵉ DISPOSITION 201
3.ᵉ DISPOSITION 202
4.ᵉ DISPOSITION . . . . ibid.

TITRE 29.

Du Ralliement 203

TITRE 30.

Des Revues 204

CHAP. 1.ᵉʳ *Des Revues d'honneur* . . . . ibid.
CHAP. 2. *Des Revues d'inspection* 205
CHAP. 3. *Des Revues de Commissaire des guerres* 206

TITRE 31.

Des jours d'Exercice . . . . ibid.

TITRE 32.

De la Promenade militaire 207

TITRE 33 & dernier.

Retour d'une Légion après les Manœuvres 210
Instruction d'équitation 217

De l'équipement du cheval . . . . ibid.
Premiers élémens d'équitation 220
De l'exercice du sabre 233
De la course des têtes . . . . ibid.
Moyens de dresser les chevaux 236
Attentions qu'il faut avoir pour les chevaux qui se défendent . . . 237

INSTRUCTION

INSTRUCTION

Que LE ROI *a fait expédier pour régler provisoirement l'Exercice de ses Troupes-légères.*

DU 1.er Mai 1769.

SA MAJESTÉ voulant que ses Légions de Troupes-légères soient instruites & exercées sur des principes uniformes, Elle a fait dresser la présente Instruction, pour régler provisoirement les différens Exercices & les Manœuvres des Troupes à pied & à cheval qui composent lesdites Légions; son intention étant que cette Instruction soit ponctuellement suivie jusqu'à ce qu'Elle juge à propos de rendre l'Ordonnance qui l'arrêtera definitivement.

TITRE 1.er

De l'Armement & Équipement.

CHAPITRE 1.er

INFANTERIE.

LES Officiers de l'infanterie des Légions, feront armés d'un fufil, d'une baïonnette, d'une épée, & feront équipés d'une giberne.

Les Fourriers, Sergens, Caporaux & Appointés, feront armés d'un fufil, d'une baïonnette, d'un fabre, & feront équipés d'une giberne.

Les Grenadiers feront armés & équipés de même que les bas Officiers.

Les Fufiliers feront armés d'un fufil, d'une baïonnette, & feront auffi équipés d'une giberne.

Les Tambours feront armés d'un fabre.

Les Officiers fupérieurs & Officiers-majors qui marcheront avec l'Infanterie, feront armés d'une épée, & porteront un hauffe-col, ainfi que tous les Officiers de l'Infanterie.

Tous les Officiers de l'Infanterie, bas Officiers, Grenadiers & Fufiliers, étant fous les armes, porteront le ceinturon fur la vefte.

CHAPITRE 2.

DRAGONS.

LES Officiers, Fourriers & Maréchaux-des-logis de Dragons des Légions, feront armés d'un fabre & d'une paire de piftolets.

Les Brigadiers & Dragons feront armés d'un moufqueton, d'un fabre & d'une paire de piftolets.

Les Tambours de Dragons, seront armés d'un sabre & d'un pistolet.

Tous les Officiers, bas Officiers & Dragons, porteront le sabre à la ceinture, le sabre tombant vers le milieu de la cuisse, & de manière que le pommeau ne soit pas plus élevé que la crosse du pistolet, afin de pouvoir agir librement de la main de la bride; mais lorsqu'on prendra les armes à pied, les Officiers, bas Officiers & Dragons, porteront le sabre à la grenadière, rejetant la garde derrière le dos.

Toutes les parties de l'armement & de l'équipement des Officiers, bas Officiers, Soldats & Dragons, seront conformes aux modèles qui seront envoyés à chaque Légion.

Les Officiers de Dragons, seront montés sur des chevaux ayant tous leurs crins, de la taille de huit à neuf pouces, & de tournure convenable.

Il sera permis au Colonel, au Colonel-commandant, au Lieutenant-colonel, au Major, & à tous les Officiers-majors des Dragons seulement, d'avoir des chevaux à courte queue; mais les Officiers supérieurs auront néanmoins un cheval à tous crins, pour les revues d'honneur.

TITRE 2.

Obligations des Officiers & bas Officiers.

CHAPITRE 1.er

DRAGONS.

TOUS les Officiers de Dragons des Légions, depuis le Colonel jusqu'au Sous-lieutenant, seront tenus de savoir exécuter généralement tout ce qui a rapport aux différens maniemens des armes à pied & à cheval, afin de pouvoir en instruire leur troupe.

Il y aura dans chaque place ou quatier où il y aura une Légion, un lieu destiné pour un manège couvert, où les Officiers, bas Officiers & Dragons seront instruits des principes de l'Équitation.

Le Commandant de chaque Corps donnera ses ordres pour l'arrangement de ce travail; & pour qu'il en résulte les progrès les plus rapides, il en chargera les Officiers & bas Officiers qu'il croira les plus propres à remplir ces fonctions, lesquels apporteront tous leurs soins pour concourir à l'uniformité, & en général au bien du service.

Les Officiers-majors qui ne seront point employés aux instructions d'Équitation, seront chargés de veiller à la discipline des Exercices des différens escadrons; & en rendront compte au Major, qui répondra lui-même des exercices de tout le Corps au Colonel, & en son absence au Lieutenant-colonel.

CHAPITRE 2.

INFANTERIE.

TOUS les Officiers de l'Infanterie des Légions, seront pareillement tenus de savoir exécuter le maniement des armes qui leur est particulier, celui du Soldat, la marche & ses différens pas, les évolutions, les différentes manœuvres & l'exécution des feux, pour être en état d'instruire & de commander leur troupe.

Le Major exercera les Officiers jusqu'à ce qu'ils soient parfaitement instruits; les Aides-major & Sous-aides-major aideront le Major dans ces instructions, & veilleront aux exercices de leur bataillon : ils en rendront compte au Major, & celui-ci au Commandant du Corps.

Le Commandant donnera ses ordres pour que les bas Officiers soient exercés & examinés par les Capitaines ou autres Officiers toutes les fois qu'il le jugera nécessaire, afin de s'assurer qu'ils soient toujours en état de veiller à l'instruction des Soldats.

Il

Il ſera de plus établi dans chaque Légion, une école de commandement, pour apprendre à tous les Officiers & bas Officiers à commander d'un ton ferme & bref; cette école ſera tenue par l'un des Officiers-majors que le Commandant jugera le plus propre à cette inſtruction, & elle aura lieu juſqu'à ce que tous les Officiers & bas Officiers ſoient parvenus à commander d'un même ton, autant que cela ſera poſſible.

SA MAJESTÉ compte aſſez ſur le zèle des Commandans deſdits Corps, pour être aſſurée qu'ils apporteront toute leur attention à ces différentes inſtructions, & qu'ils ne ſouffriront aucune négligence à cet égard.

Veut en conſéquence Sa Majeſté, que les Officiers généraux chargés de faire les revues d'inſpection de ſes Légions, faſſent lors deſdites revues, un examen du travail, des progrès ou de la négligence de chaque Officier en particulier, & qu'ils en rendent compte au Secrétaire d'État ayant le département de la guerre.

Dorénavant aucun ſujet propoſé pour être Officier, à l'exception toutefois de ceux qui auroient précédemment ſervi en ladite qualité, ne pourra être reçu à l'emploi auquel il aura été nommé, qu'après avoir fait le ſervice de Soldat ou de Dragon pendant deux mois, celui de Caporal ou de Brigadier pendant deux autres mois, & enfin celui de Sergent ou de Maréchal-des-logis auſſi pendant deux mois.

L'intention de Sa Majeſté eſt que ce nouveau ſujet ſoit exercé journellement, ſoit à pied ou à cheval, qu'il ſe trouve à tous les exercices particuliers, qu'il faſſe le ſervice, & qu'il rempliſſe toutes les fonctions de chacun des grades de Soldat ou de Dragon, de Caporal ou de Brigadier, & de Sergent ou de Maréchal-des-logis indiſtinctement, à la réſerve des corvées.

Lorſqu'au bout de ces ſix mois, le Commandant & les autres Officiers ſupérieurs de la Légion, auront jugé ce nouveau ſujet ſuffiſamment inſtruit, ils le feront recevoir à ſon emploi, & en informeront le Secrétaire d'État ayant le département de la guerre.

TITRE 3.

Du Maniement du fuſil pour les Officiers & bas Officiers de l'Infanterie.

TOUTES les fois qu'une troupe portera le fuſil, les Officiers le porteront dans le bras droit au défaut de l'épaule, le canon en arrière & preſque d'à-plomb, la baguette en dehors, le bras tendu, la main droite embraſſant le chien & la ſous-garde, la croſſe à plat le long de la cuiſſe droite, & la main gauche pendante ſur le côté; dans les cas de parade, les Officiers ſeront repoſés ſur les armes, la croſſe à douze pouces de la pointe du pied droit, la main droite à quatre doigts du bout du canon, la tête haute, les épaules libres & tombantes, le corps bien d'à-plomb, les jarrets tendus, les pieds placés en équerre, les talons joints faiſant face carrément devant eux, le bras gauche tombant, la paume de la main ſur la cuiſſe, les doigts ouverts naturellement: mais lorſqu'enſuite ils devront exécuter quelques mouvemens, ils rapprocheront la croſſe à deux pouces de la pointe du pied droit.

Pour mettre la baïonnette au bout du canon.

ON l'exécutera en ſept temps:

Au premier, portant le fuſil dans le bras droit, on portera vivement la main gauche à la capucine.

Au deuxième, on détachera le fuſil de l'épaule & on placera la main gauche en frappant au milieu du canon pour le tenir perpendiculaire vis-à-vis le milieu du corps, plaçant en même temps le pied droit en équerre derrière le talon gauche en faiſant un *demi-à-droite.*

Au troiſième, on abaiſſera le fuſil de manière que la

crosse arrive près de terre, la baguette tournée vers le corps, plaçant en même temps la main droite au bout du canon à hauteur du bois.

Au quatrième, on appuiera la crosse à terre vers la gauche & à quatre pouces du pied gauche, à hauteur de la boucle & le fusil collé à la cuisse.

Au cinquième, quittant le fusil de la main droite, on saisira la baïonnette à la douille & on la dégagera du fourreau, la main gauche éloignant en même temps un peu le canon sans déranger la crosse.

Au sixième, on portera la baïonnette au bout du canon, où on l'engagera doucement, prête à y être emboîtée, rapprochant en même temps le canon du corps.

Au septième, on emboîtera la baïonnette & on replacera la main droite au bout du canon.

Pour porter ensuite les armes.

On l'exécutera en trois temps:

Au premier; quittant le fusil de la main droite, on l'élèvera à plomb de la gauche qui se portera à hauteur de la cravate, tournant la baguette en dehors, le canon entre les deux yeux, & on le saisira de la main droite en empoignant le chien & la sous-garde.

Au deuxième, en donnant un coup de la main gauche, on placera le fusil perpendiculaire entre la tête & l'épaule droite, faisant en même temps *face en tête* & replaçant le pied droit à côté du gauche en le frappant.

Au troisième, on achèvera de porter le fusil, & on replacera la main gauche à gauche.

Pour mettre la baïonnette en son lieu.

On l'exécutera en sept temps:

Les quatre premiers, comme les quatre premiers temps du commandement précédent.

Au cinquième, en tournant un peu le canon en dedans, on donnera un coup vif avec le talon de la main droite au coude de la baïonnette pour ensuite l'empoigner à la douille, la tourner, la déboîter & la tenir au-dessus & près du canon dans la même direction.

Au ſixième, on remettra la baïonnette dans le fourreau, détachant un peu le canon du corps ſans déranger la croſſe.

Au ſeptième, on rapprochera le fuſil du corps; & on le ſaiſira de la main droite au bout du canon.

Pour porter enſuite les armes.

On l'exécutera en trois temps, comme il eſt preſcrit ci-devant, après avoir mis la baïonnette au bout du canon.

Pour poſer la croſſe à terre.

On l'exécutera en deux temps.

Au premier, on ſaiſira le fuſil à hauteur de l'épaule, avec la main gauche, & on le baiſſera un peu pour placer en même temps la main droite à quatre doigts du bout du canon.

Au deuxième, on baiſſera le fuſil de la main droite pour poſer doucement la croſſe à terre, le talon de la croſſe à deux pouces & ſur l'alignement de la pointe du pied droit, la main gauche ſe replaçant à gauche.

Les Officiers poſeront le fuſil à terre & le reprendront en même temps & de la même manière que la troupe: avec cette différence, qu'ils couleront la main droite baſſe, & qu'enſuite ils la replaceront au bout du canon.

Pour porter les armes.

On l'exécutera en deux temps:

Au premier, on élèvera le fuſil perpendiculairement, on placera la main gauche au-deſſous de la capucine à hauteur du ceinturon, empoignant en même temps la ſous-garde & le chien avec la main droite.

Au deuxième, on placera le fuſil contre l'épaule droite, & la main gauche ſe reportera à gauche.

Pour porter l'arme au bras.

Lorſque la troupe portera l'arme au bras, en marchant, les Officiers pourront la porter de même en trois temps qu'ils exécuteront d'un ſeul mouvement, mais ils reporteront les armes en même temps que la troupe.

Pour

Pour ſaluer du fuſil étant repoſé deſſus.

ON l'exécutera en quatre temps:

Au premier, lorſque la perſonne qu'on devra ſaluer, ſera à quatre pas, on élèvera vivement le fuſil, le ſaiſiſſant de la main gauche à la capucine & en même temps de la droite à la poignée pour le tenir perpendiculaire, la main gauche à hauteur de l'eſtomac, le canon en dedans à un demi-pied de diſtance & vis-à-vis le milieu du corps, faiſant auſſi en même temps un *demi-à-droite* ſur le talon gauche, & plaçant le pied droit en équerre derrière le gauche, les talons joints.

Au deuxième on baiſſera le bout du fuſil près de terre, le canon en deſſus.

Au troiſième, on relèvera le fuſil perpendiculaire, le ſaiſiſſant en même temps de la main droite au bout du canon à hauteur des yeux.

Au quatrième on baiſſera le fuſil pour poſer la croſſe à terre, à la même diſtance du pied, & la main gauche ſe replacera à gauche.

Pour ſaluer du fuſil en marchant.

ON l'exécutera en quatre temps:

Au premier, lorſqu'on ſera à quatre pas de la perſonne qu'on devra ſaluer, on partira en avançant le pied gauche & effaçant un peu le corps à droite, détachant le fuſil de l'épaule on l'élèvera, le ſaiſiſſant de la main gauche à la capucine à hauteur de l'eſtomac, pour le tenir perpendiculaire vis-à-vis & à un demi-pied de diſtance de l'épaule droite, obſervant de ne point déplacer la main droite.

Au deuxième, en avançant le pied droit, on baiſſera le bout du fuſil près de terre, le canon en deſſus ſans déplacer le premier doigt de la main droite dont on paſſera le pouce par-deſſus le chien pour ſaiſir la poignée.

Au troiſième, en faiſant le troiſième pas on relèvera le fuſil, faiſant *face en tête* pour le tenir perpendiculaire vis-à-vis & à un demi-pied de diſtance de l'épaule droite, repaſſant le pouce de la main droite par-deſſus le chien.

Au quatrième, en faiſant le quatrième pas on portera le fuſil, & la main gauche ſe replacera à gauche.

Les Officiers de l'État-major de l'Infanterie, porteront à pied l'épée à l'épaule droite & en salueront en quatre temps, ainsi qu'il est prescrit de le faire à cheval : hors ces cas ils tiendront l'épée de biais, le bras droit presque tombant, la poignée au-dessous de la hanche droite, & l'extrémité de la lame dans la main gauche.

TITRE 4.

Du Maniement du fusil pour les Caporaux.

LES Caporaux faisant le service à pied, porteront l'arme comme les Soldats : mais lorsqu'ils feront le service de Sergent ou lorsqu'ils marcheront à la tête d'une division, d'une pose de sentinelle, ou qu'ils auront des rapports à faire, ils porteront l'arme au bras droit comme les Officiers & Sergens, & ils exécuteront ce changement en trois temps :

Au premier, on portera la main droite, à la poignée & on détachera vivement le fusil de l'épaule, le saisissant de la main gauche à la capucine pour le tenir perpendiculaire vis-à-vis l'œil droit, & tournant la baguette en avant, ainsi qu'il est prescrit dans la position de *haut les armes.*

Au deuxième, on baissera le fusil pour le porter à l'épaule droite, la main droite empoignant le chien & la sous-garde.

Au troisième, la main gauche se reportera à gauche.

Pour porter ensuite l'arme à l'épaule gauche.

ON l'exécutera en trois temps :

Au premier, détachant le fusil de l'épaule droite, on l'élèvera pour l'amener perpendiculairement entre les deux yeux, la main gauche le saisissant en même temps à la capucine à hauteur de la cravate, la main droite quittant le chien & la sous-garde pour se placer à la poignée.

Au deuxième, on élèvera le fusil de la main droite, le pouce alongé sur la contre-platine, tournant le canon en dehors vis-à-vis l'épaule gauche, & plaçant en même temps la main gauche sous la crosse.

Au troisième, on attirera le fusil avec la main gauche contre l'épaule gauche, replaçant en même temps la main droite sur le côté.

TITRE 5.

De l'École du Soldat.

L'INSTRUCTION particulière du Soldat comprendra le soin qu'il doit avoir de toutes les parties de l'habillement, de l'armement & de l'équipement; la connoissance de la véritable position du corps pour être sous les armes, la marche, l'exécution du maniement des armes, des différens feux, & de toutes les manœuvres & évolutions.

On aura attention à ne montrer aux Soldats que successivement toutes les parties de cette Instruction, afin qu'ils aient le temps de les concevoir.

Chaque Capitaine choisira dans sa compagnie le Fourrier, Sergent ou Caporal le plus au fait, pour exercer les Soldats un à un, ensuite plusieurs ensemble, tant aux différens pas de la marche qu'au maniement des armes, à l'exécution des mouvemens nécessaires à chacun des trois rangs, pour charger à l'arme blanche, & pour mettre en joue, tirer & charger.

Lorsque ce choix aura été fait, il ne pourra être changé sans des raisons essentielles, afin que tous les hommes de recrue étant exercés par le même homme, aient plus d'uniformité dans leurs principes.

On commencera à exercer les Soldats sans armes, pour leur donner la position, qui consiste en ce que l'homme se tienne avec aisance & grâce, qu'il ait la tête haute, les épaules libres & tombantes, le corps bien d'à-plomb, les jarrets tendus, les pieds placés en équerre, les talons joints, faisant face carrément devant lui, les bras pendans, la paume de la main sur la cuisse, sans alonger ni fermer les doigts.

On laiſſera l'homme quelques minutes dans cette poſition ſans remuer; on la lui fera quitter, pour la reprendre enſuite de lui-même, ce qu'on répètera juſqu'à ce qu'il ſache ſe placer.

Après la poſition, on montrera au Soldat à ſe tourner dans les différens ſens, ſe conformant à ce qui eſt preſcrit aux manœuvres de détail, *Titre 11*.

On l'exercera enſuite aux différens pas de la marche, en ſuivant ce qui eſt réglé au *Titre 10*; & pour lui faciliter l'équilibre, celui qui l'exercera ſe mettra à côté de lui à ſa droite, pour lui ſervir d'appui & de règle.

Au commandement, *Marche*, il partira de la jambe gauche en baiſſant un peu la pointe du pied, & portant enſuite le poids du corps en avant, il l'établira ſur la jambe gauche en poſant le talon à terre, & ployant en même temps le genou droit, il avancera la cuiſſe juſqu'à ce qu'elle ſe trouve d'à-plomb, laiſſant un inſtant la pointe du pied à terre; il achèvera enſuite le pas de la jambe droite, pour le répéter de la gauche & ſucceſſivement, tenant la tête haute, le corps aiſé, les épaules libres, marchant naturellement & ſans affectation quelconque.

Dès que le Soldat aura acquis un peu d'équilibre, on le fera marcher ſans appui, & on en mettra pluſieurs à côté les uns des autres pour les exercer enſemble.

Après que le Soldat aura été exercé ſans arme & qu'il aura appris la poſition & les différens pas de la marche, on lui fera porter alors ſon arme, la lui plaçant preſque droite & ferme contre l'épaule gauche, le canon en dehors, la ſous-garde près du corps, l'extrémité ſupérieure de la platine ou reſſort de la batterie à peu-près à hauteur de l'aiſſelle, mais de manière que le bec de la croſſe ſoit appuyé au bas de la hanche, ſur le pli de la cuiſſe, ſans cependant en gêner le mouvement, & ſoutenue de la main gauche, les trois derniers doigts ſous le talon, le premier doigt ſur la vis & le pouce au-deſſus, le bras gauche preſque alongé & placé naturellement, ſans être gêné; le bras droit tombant

ſans

ſans mouvement, la paume de la main ſur la cuiſſe, ſans alonger ni fermer les doigts.

Le Soldat étant placé ſous les armes, on lui fera exécuter les mêmes choſes qui viennent d'être preſcrites, & juſqu'à ce qu'il ſoit bien aſſuré dans ſa poſition ; on lui montrera enſuite le maniement des armes, en lui expliquant & en exécutant devant lui tous les différens temps : obſervant de ne paſſer d'un temps à un autre, que lorſqu'il ſaura bien le précédent.

Dès que les Soldats auront été exercés à la marche & au maniement des armes, on les perfectionnera dans la charge du fuſil, à mettre en joue avec la plus grande aiſance, & à faire feu dans les différens rangs où ils pourront être placés ; on garnira alors leur fuſil, d'un morceau de bois, en place de pierre, pour conſerver la batterie.

Il ſera formé de ces différens Soldats pluſieurs claſſes ; les plus inſtruits compoſeront la première & ſeront toujours exercés enſemble, les autres Soldats compoſeront les autres claſſes.

Les Capitaines, Lieutenans & Sous-lieutenans commanderont les mêmes manœuvres, & à meſure qu'il ſe formera un nombre de Soldats ſuffiſamment inſtruits, ils les feront paſſer dans les différentes claſſes.

Lorſque le Major jugera les Soldats de la première claſſe des différentes compagnies en état d'être aſſemblés, il chargera les Officiers-majors de réunir les bas Officiers & Soldats de ladite première claſſe, de deux compagnies, & ſucceſſivement de pluſieurs compagnies, pour les exercer enſemble.

On exercera principalement les Grenadiers & les Soldats de la première claſſe, à tirer à la ſible, afin de leur apprendre à bien mettre en joue & à tirer juſte ; il ſera diſtribué à cet effet un Prix à celui d'entr'eux qui aura le mieux tiré.

Les Soldats de la première claſſe qui montreront quelque

négligence ou mauvaiſe volonté, ſeront remis à la dernière claſſe, & ne pourront rentrer à celle dont ils étoient, qu'après un nouvel examen.

Les Soldats qui ſe ſeront abſentés par congé, ſeront à leur retour exercés en détail par les bas Officiers chargés de cette partie, & ils ne pourront rentrer dans leur claſſe que ſur le témoignage deſdits bas Officiers.

On profitera des premiers beaux jours du printemps pour commencer les Exercices de détail, afin de rétablir la préciſion dans le maniement des armes & dans les manœuvres, qui n'auront pu ſe pratiquer pendant l'hiver.

Le Commandant du Corps règlera le travail des différentes claſſes, de manière que la première claſſe ſoit moins aſſujettie que les autres, & il veillera à ce qu'on ait beaucoup d'indulgence pour le Soldat, qu'on lui donne ſouvent du repos, & qu'on ne le puniſſe que dans les cas indiſpenſables.

Il ne ſera donné de permiſſion à aucun Soldat pour travailler en ville, que lorſqu'il ſera parfaitement inſtruit & qu'il aura été admis à la première claſſe.

TITRE 6.

Formation particulière de l'Infanterie d'une Légion.

CHAPITRE 1.er

Formation ſur le pied de l'augmentation.

LORSQUE l'Infanterie d'une Légion prendra les armes pour s'exercer, paroître ou combattre, ſoit par compagnie, par bataillon ou par régiment, elle ſera toujours formée ſur trois rangs, à moins d'un ordre contraire; mais pour l'exercer ſur une plus grande profondeur, on fera doubler les files, afin de la mettre à ſix de hauteur, excepté les Grenadiers, qui reſteront, dans tous les cas, ſur trois rangs.

Chaque compagnie de Fuſiliers étant formée en bataille ſur trois rangs, ſera diviſée en deux diviſions, & chaque diviſion en deux parties, qui ſe nommeront chacune *quart de rang*.

Le premier Caporal ſera placé à la droite, & le ſecond à la gauche du premier rang de la première diviſion, l'un ayant le premier Appointé à ſa gauche, & l'autre le ſecond Appointé à ſa droite.

Le troiſième Caporal ſera placé à la droite & le quatrième à la gauche du premier rang de la ſeconde diviſion, l'un ayant le troiſième Appointé à ſa gauche, & l'autre le quatrième Appointé à ſa droite.

Le cinquième Caporal ſera placé à la droite & le ſixième à la gauche du troiſième rang de la première diviſion, l'un ayant le cinquième Appointé à ſa gauche, & l'autre le ſixième Appointé à ſa droite.

Le ſeptième Caporal ſera placé à la droite & le huitième à la gauche du troiſième rang de la ſeconde diviſion, l'un ayant le ſeptième Appointé à ſa gauche, & l'autre le huitième Appointé à ſa droite.

Le premier Sergent ſera placé à la droite du troiſième rang & le troiſième à la droite du ſecond rang de la première diviſion.

Le ſecond Sergent ſera placé à la droite du troiſième rang & le quatrième à la droite du ſecond rang de la ſeconde diviſion.

Le reſte des files de chaque diviſion ſera composé, aux premier & troiſième rangs, des Soldats les plus élevés, & au ſecond rang, de ceux qui le ſeront le moins.

Le Capitaine de chaque compagnie ſe placera à la

droite du premier rang de ſa compagnie, formant le chef-de-file des premier & troiſième Sergens.

Le Sous-lieutenant ſe placera à la droite du premier rang de la ſeconde diviſion, formant de même le chef-de-file des ſecond & quatrième Sergens.

Le Lieutenant ſe placera en ſerre-fille à deux pas derrière le centre de la première diviſion, & le Fourrier ſera placé de même en ſerre-file derrière le centre de la ſeconde diviſion.

On ſuivra le même ordre pour la formation de toutes les compagnies, à l'exception de la compagnie qui fermera la gauche de chaque bataillon, dont le Sous-lieutenant & les ſecond & quatrième Sergens ſeront placés dans le même ordre à la gauche de la ſeconde diviſion.

Les huit compagnies de Fuſiliers dont eſt compoſée aujourd'hui l'Infanterie d'une Légion, formeront deux bataillons, qui ſe nommeront *Régiment.*

La première, la cinquième, la troiſième & la ſeptième compagnie, qui ſeront rangées dans cet ordre, de la droite à la gauche, formeront le premier bataillon.

La ſeconde, la ſixième, la quatrième & la huitième compagnie formeront de même le ſecond bataillon.

On diſtinguera alors chaque compagnie ſous la dénomination de *peloton,* qui ſe compteront de la droite à la gauche du bataillon, premier, deuxième, troiſième & quatrième pelotons.

Le premier & le deuxième peloton, formeront le demi-bataillon de droite, & les troiſième & quatrième pelotons formeront le demi-bataillon de gauche.

On diſtinguera encore les parties dont un bataillon ſera compoſé, par pair & par impair.

La compagnie de Grenadiers ſera placée à la droite du

du premier bataillon, & ſera diviſée ſeulement en deux diviſions.

Le premier Caporal ſera placé à la droite du premier rang, & le troiſième à la droite du troiſième rang de la première diviſion, l'un ayant le premier Appointé à ſa gauche, & l'autre le troiſième Appointé auſſi à ſa gauche.

Le ſecond Caporal ſera placé à la gauche du premier rang, & le quatrième à la gauche du troiſième rang de la ſeconde diviſion, l'un ayant le ſecond Appointé à ſa droite, & l'autre le quatrième Appointé auſſi à ſa droite.

Le Capitaine ſe placera à la droite du premier rang de ſa compagnie, ayant derrière lui au troiſième rang le premier Sergent.

Le Sous-lieutenant ſe placera à la gauche du premier rang de la ſeconde diviſion, ayant derrière lui, au troiſième rang, le ſecond Sergent.

Le Lieutenant ſe placera en ſerre-file derrière le centre de la première diviſion, & le Fourrier ſera auſſi placé en ſerre-file derrière le centre de la ſeconde diviſion.

Les Tambours de chaque bataillon ſeront placés ſur un ou deux rangs à la droite de leur bataillon.

Le Colonel ſe placera à quatre pas en avant du centre des deux bataillons.

Le Colonel-commandant ſe placera vis-à-vis le centre du premier bataillon, à deux pas en avant du premier rang, & le Lieutenant-colonel ſe placera de même vis-à-vis le centre du ſecond bataillon.

Le Major ſe placera derrière le centre des deux bataillons, à ſix pas en arrière des ſerre-files, & pourra ſe porter où le ſervice l'exigera.

L'Aide-major ſe placera à la droite du premier bataillon, ſur l'alignement du premier rang, & le Sous-aide-major à la gauche du ſecond bataillon, auſſi ſur l'alignement du premier rang ; bien entendu que ces Officiers pourront vaquer où le ſervice l'exigera.

Lorſqu'il ſe trouvera des Officiers ou bas Officiers abſens, les places qui leur ſont preſcrites ſeront remplies par le grade inférieur de la même compagnie.

Dans les cas de parade & d'aſſemblée des bataillons, les Officiers ſe placeront à la tête de leurs compagnie & diviſion, tous ſur le même alignement, à deux pas en avant du premier rang ; & les Officiers-majors ſe porteront auſſi en avant ſur le même alignement des Officiers.

Les Officiers ſupérieurs ſe porteront alors à deux pas en avant du rang des Officiers, le Colonel à la tête, le Major ſe placera à la gauche du Lieutenant-colonel ; & les Fourriers de ſerre-file ſe placeront derrière le centre de leur compagnie.

CHAPITRE 2.

Formation ſuivant la compoſition actuelle en temps de Paix.

LES compagnies ſe formeront ſur trois rangs, ainſi qu'il eſt preſcrit ci-devant ; mais elles ne ſeront ſuſceptibles d'aucune diviſion.

Le premier Caporal ſera placé à la droite du ſecond rang de la compagnie, ayant le premier Appointé à ſa gauche ; & le ſecond Caporal ſera placé à la gauche du troiſième rang, ayant le ſecond Appointé à ſa droite.

Le Sergent ſera placé à la droite du troiſième rang, & le Fourrier ſera placé en ſerre-file derrière la compagnie.

Le Capitaine ſe placera à la droite & le Sous-lieutenant à la gauche du premier rang ; le Lieutenant ſe placera en ſerre-file derrière la compagnie.

Les huit compagnies formeront deux bataillons, ainſi

qu'il est prescrit ci-devant; mais pour accoutumer le Soldat à manœuvrer sur un plus grand front, on les exercera souvent à n'en former qu'un seul.

On suivra d'ailleurs tout ce qui a été prescrit ci-devant à la formation.

TITRE 7.

Des Batteries de Tambour pour assembler une Légion.

LORSQUE toute une Légion & toutes les Troupes d'une garnison, d'un quartier ou d'un camp, devront prendre les armes & monter à cheval, tous les Tambours battront *la générale*, auquel signal l'Infanterie prendra les armes, & les Dragons selleront & tiendront leur équipage prêt à charger; mais s'il n'y a qu'une partie de ces Troupes qui doive prendre les armes ou monter à cheval, les Tambours *rappelleront;* à ce signal, les Dragons brideront leurs chevaux, & si l'on doit partir, ils les chargeront.

Lorsqu'on battra *l'assemblée* ou *à cheval*, toutes les compagnies se rassembleront sur le lieu qui aura été indiqué pour se former ensemble en bataille.

Lorsqu'on battra ensuite *la marche*, on se mettra en mouvement.

En cas d'alerte & de surprise, où il sera nécessaire de prendre les armes & de monter à cheval avec la plus grande célérité, pour se mettre promptement en état de défense, on battra *aux armes* au lieu de *la générale.*

TITRE 8.

De l'assemblée particulière de l'Infanterie d'une Légion.

CHAPITRE I.er

De l'assemblée de chaque compagnie, & de la visite qui doit en être faite.

LORSQUE l'Infanterie d'une Légion devra prendre les armes pour s'exercer particulièrement ou pour tout autre objet, les Tambours *rappelleront* à l'heure qui aura été désignée; à ce signal, chaque Caporal se rendra avec les Soldats de sa chambrée au rendez-vous de la compagnie, où se trouveront les Sergens & le Fourrier, pour former les divisions sur trois rangs ouverts (les Soldats ayant la crosse à terre, la main basse), en faire l'appel, & examiner les différentes parties de l'armement, de l'équipement & de l'habillement.

Les Officiers se trouveront au rendez-vous de leur compagnie, immédiatement après l'assemblée; & le Commandant de la compagnie, après s'être fait rendre compte par le Fourrier, s'il n'y manque personne, passera par-devant & par-derrière les rangs, de même que le Lieutenant & le Sous-lieutenant, qui l'aideront dans cette visite, pour examiner si les Soldats ont la tenue convenable, & s'il ne leur manque rien de tout point.

Si le Capitaine juge nécessaire de faire l'inspection des armes, il fera les commandemens prescrits ci-après pour l'inspection; si au contraire il étoit nécessaire de s'assembler avec célérité, il feroit porter les armes & ensuite l'arme au bras, & conduiroit, sans perdre de temps, sa compagnie au quartier d'assemblée du Régiment ou de la Légion.

CHAPITRE 2.

CHAPITRE 2.

De l'Inſpection.

1.

Prenez garde à vous.

2.

Préparez-vous pour l'inſpection.

A ce commandement, les Soldats faiſant un *demi-à-droite* ſur le talon gauche, placeront le pied droit en équerre derrière le gauche, les talons joints; ils porteront de la main droite la croſſe du fuſil vers la gauche, & à quatre pouces du pied gauche, à hauteur de la boucle, le fuſil collé à la cuiſſe, ſaiſiſſant en même temps le fuſil de la main gauche, au milieu du canon, pour le tenir la baguette vers le corps; ils mettront tout de ſuite, de la main droite, la baïonnette au bout du canon, & enſuite la baguette dans le canon; après quoi ils feront *face en tête*, en reportant le fuſil à droite, pour ſe repoſer ſur les armes, ſans autre commandement.

Ces mouvemens étant exécutés, le Capitaine, le Lieutenant & le Sous-lieutenant parcourront chacun le front d'un rang, pour faire l'inſpection des armes.

Lorſqu'on voudra examiner ſeulement ſi les armes ſont chargées ou non, les Soldats ne bougeront point de leur poſition; & dès que l'Officier aura dépaſſé de deux hommes le Soldat qui aura été inſpecté, celui-ci ſans attendre de commandement, paſſera le fuſil à gauche, remettra la baguette en ſon lieu, & reportera enſuite l'arme à droite, faiſant *face en tête* & coulant la main droite baſſe.

Si on veut de plus examiner les armes, l'Officier en arrivant au premier homme du rang, commandera *montrez vos armes;* alors celui-ci montrera ſes armes en trois temps.

Au premier, élevant le fuſil de la main droite en avant de la cuiſſe droite, la main à hauteur de la cravate, on le ſaiſira de la main gauche, à hauteur du ceinturon.

Au deuxième, on élèvera de la main gauche le fusil entre les deux yeux, la main à hauteur de la cravate, & on le saisira de la droite, à la poignée, à hauteur du ceinturon.

Au troisième, on élèvera le fusil de la main droite, tournant la platine en avant, à hauteur de la cravate, & à un pied de distance environ, la main gauche tombant sur le côté.

L'Officier examinera si le fusil est chargé ou non; il le prendra, s'il le juge à propos, pour s'assurer encore mieux s'il est en bon état; après quoi il rendra le fusil au Soldat, qui passera tout de suite l'arme à gauche, en trois temps.

Au premier, il baissera le fusil de la main droite à hauteur du ceinturon, & le saisira de la gauche au milieu du canon à hauteur de la cravate.

Au deuxième, faisant un *demi-à-droite* & plaçant le pied droit en équerre derrière le gauche, il abandonnera le fusil de la main droite pour le baisser de la gauche jusque près de terre, & le saisira de la main droite au bout du canon.

Au troisième, il appuiera la crosse à terre, remettra la baguette & reportera ensuite l'arme à droite, faisant *face en tête* & coulant la main droite basse.

Dès que l'homme qui aura été inspecté, fera son premier temps pour passer l'arme à gauche, celui qui devra l'être à son tour, commencera au même moment son premier temps pour montrer ses armes, & ainsi des autres qui exécuteront successivement tous les mouvemens prescrits pour le premier homme.

Le Lieutenant & le Sous-lieutenant rendront compte au Capitaine après leur inspection, de ce qu'ils auront remarqué de défectueux.

Les Officiers & bas Officiers tiendront la main à ce que le Soldat entretienne ses armes en y passant souvent une pièce grasse, & en mettant de temps en temps de l'huile à tous les ressorts, après avoir essuyé auparavant la crasse ou cambouis qui pourroit s'y trouver, mais sans démonter les pièces de la platine que dans les cas indispensables.

Le Commandant du Corps donnera les ordres les plus précis pour défendre que les armes ſoient éclaircies ni polies avec aucun ferrement, ce qui eſt très-vicieux & contraire à la ſolidité de l'arme.

Si la compagnie doit être exercée au feu, le Fourrier diſtribuera des cartouches à poudre aux Soldats à meſure qu'ils auront été inſpectés, & ceux-ci les placeront dans leur giberne en mettant la partie ſupérieure en bas, & la partie inférieure ou côté de la balle, en haut.

L'inſpection étant finie, ſi le Capitaine veut faire charger les armes, il fera les commandemens néceſſaires pour porter & charger enſuite les armes, après quoi il fera ſerrer les rangs, & les Officiers ſe placeront à la tête de leur diviſion.

CHAPITRE 3.

De la marche de chaque compagnie au lieu d'aſſemblée.

TOUT étant diſpoſé, le Capitaine fera porter l'arme au bras & fera rompre ſa compagnie ſur un front proportionné au terrein qu'il aura à parcourir pour ſe rendre au quartier d'aſſemblée du régiment, où en arrivant il la placera dans le rang qu'elle devra tenir dans l'ordre de bataille du régiment, & lui fera les commandemens pour poſer la croſſe à terre & ſe repoſer.

Toutes les compagnies étant arrivées au rendez-vous du régiment, le Major & les Officiers-majors qui auront dû ſe rendre d'avance à ce lieu d'aſſemblée, parcourront le front & la queue des bataillons pour en compléter les files & égaliſer toutes les diviſions.

Le Colonel ou autre Commandant du Corps ſe trouvera à ce lieu d'aſſemblée le plus tôt poſſible, & s'il juge néceſſaire de faire faire une inſpection générale, il en chargera les Officiers-majors, après quoi il fera ſerrer les rangs, s'ils ſont ouverts, & fera rompre le régiment pour le mettre en marche & ſe rendre ſur le terrein deſtiné aux exercices.

CHAPITRE 4.

De l'arrivée du régiment ſur ſon terrein d'exercice.

LE régiment étant arrivé ſur le terrein où il devra être exercé, y ſera formé en bataille, ainſi que le Commandant le jugera à propos.

Si le régiment doit être vu en parade, le Commandant fera ouvrir les rangs, & s'il doit rendre des honneurs, il fera les commandemens pour préſenter les armes; alors les Officiers ſe repoſeront ſur les armes, & en ſalueront ſucceſſivement.

Si au contraire le régiment doit être exercé tout de ſuite aux évolutions & aux différens feux, le Commandant ſe portera en avant du front pour faire les commandemens: mais avant de faire exécuter aucune manœuvre, il avertira les Officiers de ſe rendre à leur place de bataille: cet avertiſſement ſera ſuivi d'un roulement après lequel les Officiers ſe placeront ainſi qu'il eſt preſcrit à la formation des bataillons.

Soit qu'une légion s'exerce en total, ou que l'Infanterie ou les Dragons s'exercent ſéparément, le Colonel, le Colonel-commandant, le Lieutenant-colonel, le Major, ou tout autre Officier qui ſe trouvera commander, commandera lui-même les manœuvres ſans charger de ce ſoin les Officiers-majors.

Le Commandant du Corps pourra cependant nommer quand il le jugera à propos, un Officier pour commander à ſa place, afin de s'aſſurer ſi tous les Officiers ſont en état de commander.

TITRE 9.

De l'Exercice ou Maniement des armes de l'Infanterie.

CHAPITRE I.er

OBSERVATIONS GÉNÉRALES.

L'EXERCICE fera divifé en deux parties : la première comprendra l'exercice de détail ou maniement du fufil, qui ne s'exécutera que par une ou deux compagnies au plus ; & la feconde, proprement dite le maniement des armes, ne comprendra que les commandemens néceffaires pour aller à la charge.

On obfervera toujours de mettre deux fecondes entre l'exécution de chaque temps des commandemens qui en auront plufieurs, & celui qui commandera l'exercice, ou l'homme d'aile, mettra quatre fecondes de repos, entre la fin d'un commandement & le commencement du fuivant.

Quant à l'exécution des mouvemens, on aura attention à ce que les Soldats les brufquent tous, que les files, les rangs & les armes foient toujours alignées ; & qu'à la fin de chaque temps, il y ait une ceffation totale de mouvement.

Quand un Soldat laiffera tomber fa baguette, fon chapeau, ou fa baïonnette, en quelque temps de l'exercice que ce foit, il ne les ramaffera point, & il attendra que le Commandant ordonne à un Sergent ou autre, de le faire.

PEMIÈRRE PARTIE.

Du Maniement du Fusil de l'Infanterie.

LE maniement du fusil se fera toujours à rangs ouverts, & comme il vient d'être prescrit, jamais en plus grand nombre que par une ou deux compagnies.

Les Soldats portant les armes, on fera ouvrir les rangs, après quoi on fera cet avertissement :

Prenez garde à vous pour le maniement du fusil.

A cet avertissement, l'homme d'aile se portera en avant de la droite, & à la distance nécessaire pour être aperçu de la troupe, y faisant face.

Si la troupe avoit été précédemment inspectée, & qu'elle ait la baïonnette au bout du canon, on commenceroit par le commandement suivant; mais, dans le cas contraire, on commencera par le troisième commandement, *la platine sous le bras gauche.*

PREMIER COMMANDEMENT.

Baïonnette en son lieu.

EN sept temps :

Au premier, on portera la main droite à la poignée, & on détachera vivement le fusil de l'épaule en le tournant le canon en dedans pour le tenir d'à-plomb vis-à-vis l'œil droit, plaçant la main gauche à la capucine à hauteur des yeux, le pouce alongé le long du bois, les coudes aisés & sans contrainte.

Au deuxième, faisant un *demi-à-droite* sur le talon gauche, de manière que le pied gauche forme une perpendiculaire sur l'alignement, on portera le pied droit en équerre derrière le gauche, les talons joints & tournant en même temps le fusil, la baguette vers l'épaule gauche, on le saisira de la main gauche, au milieu du canon, le pouce en dedans, à hauteur de la cravate, le fusil perpendiculaire & près du corps, le coude gauche près le fusil, le bras droit demi tendu.

Au troisième, quittant le fusil de la main droite, on le baissera de la gauche de façon que la crosse arrive près de terre, le fusil collé à la cuisse, & on placera la main droite à quatre doigts du bout du canon.

Au quatrième, on appuiera doucement la crosse à terre sur l'alignement & à quatre pouces de la boucle du pied gauche.

Au cinquième, en tournant un peu le canon en dedans, on donnera un coup vif avec le talon de la main droite au coude de la baïonnette & on l'empoignera ensuite à la douille, pour en la tournant, la déboîter & la tenir au-dessus & près du canon dans la même direction.

Au sixième, on écartera un peu le fusil du corps sans déranger la crosse, & baissant un peu la tête, on remettra la baïonnette dans le fourreau relevant ensuite la tête.

Au septième, on rapprochera le fusil du corps, & on reportera la main droite au bout du canon.

2.

Portez vos armes.

En trois temps :

Au premier, on élèvera le fusil de la main gauche & on le saisira de la main droite à la poignée, la main gauche à hauteur de la cravate.

Au deuxième, plaçant la main gauche sous la crosse, & faisant *face en tête* en frappant du pied droit pour le replacer à côté du gauche, on tiendra le fusil perpendiculaire vis-à-vis & à un demi-pied de distance de l'épaule gauche, la batterie à hauteur de l'épaule.

Au troisième, en baissant le poignet gauche, on attirera le fusil contre l'épaule gauche, replaçant en même temps la main droite sur le côté.

3.

La platine sous le bras gauche.

En trois temps.

Au premier, on portera la main droite à la poignée & on détachera vivement le fusil de l'épaule, en le tournant le canon en dedans, pour le tenir comme il est prescrit au premier temps du premier commandement.

Au deuxième, on tournera de la main droite le fusil le canon en dehors; quittant & raplaçant ferme la main gauche à hauteur de la cravate, pour tenir le fusil perpendiculaire vis-à-vis l'épaule gauche, l'avant-bras droit horizontal, le pouce alongé sur la contre-platine.

Au troisième, on passera la platine sous le bras gauche de façon que le petit doigt de la main gauche se trouve sur l'os de la hanche, le pouce sur la baguette pour la contenir, la main droite se replaçant en même temps à droite.

4.

Portez vos armes.

En trois temps:

Au premier, on relèvera le fusil de la main gauche, plaçant en même temps la main droite à la poignée, le pouce sur la contre-platine, pour le tenir perpendiculaire vis-à-vis l'épaule gauche.

Au deuxième, on replacera la main gauche sous la crosse, en élevant un peu le fusil, de manière que la batterie soit à hauteur de l'épaule.

Au troisième, on achèvera de porter les armes comme il est prescrit au troisième temps du second commandement.

5.

L'arme au bras.

En trois temps consécutifs d'un seul mouvement:

Au premier, on portera la main droite à la crosse, un peu au-dessous de la poignée.

Au deuxième, la main gauche quittant la crosse, se placera sur la poitrine, contenant le fusil de l'avant-bras gauche, sur lequel on laissera appuyer le chien.

Au troisième, on replacera la main droite sur le côté.

6. *Portez*

6.

Portez vos armes.

En trois temps consécutifs d'un seul mouvement :

Au premier, on portera la main droite à la crosse près de la poignée.

Au deuxième, on placera la main gauche sous la crosse.

Au troisième, la main droite se placera sur le côté.

7.

Présentez vos armes.

En deux temps :

Au premier, comme au premier temps du premier commandement.

Au deuxième, en retirant le pied droit à six pouces en arrière de sa place, sans effacer le corps, on baissera vivement le fusil pour le porter d'à-plomb, la crosse vis-à-vis la cuisse gauche, le canon en dedans, la batterie à hauteur du ceinturon & à deux doigts de distance environ.

8.

Portez vos armes.

En deux temps :

Au premier, replaçant le pied droit à côté du gauche, en le frappant, on relèvera le fusil de la main droite pour le tourner, le canon en dehors, le saisissant en même temps de la main gauche sous la crosse, pour le tenir perpendiculaire à un demi-pied de distance & vis-à-vis l'épaule gauche, la batterie à hauteur de l'épaule.

Au deuxième, en baissant la main gauche, on attirera le fusil contre l'épaule gauche, replaçant en même temps la main droite sur le côté.

Lorsqu'on présentera les armes pour rendre honneur au Saint-Sacrement, on mettra le genou droit en terre & le chapeau sur le genou gauche, ce qui s'exécutera au commandement *genou en terre ;* lorsqu'ensuite on devra se relever, on fera l'avertissement, *prenez garde à vous*, auquel tous les

Soldats remettront leur chapeau : on commandera enſuite, *portez vos armes*, & tous les Soldats ſe relèveront & porteront le fuſil à l'épaule.

9.

Croſſe à terre.

En deux temps ;

Au premier, on baiſſera le fuſil en alongeant le bras gauche de toute ſa longueur, & on ſaiſira le fuſil de la main droite, au milieu du canon, à hauteur de l'épaule.

Au deuxième, on détachera le fuſil de l'épaule, pour l'amener du côté droit, & poſer doucement & ſans aucun bruit la croſſe à terre, le talon de la croſſe à deux pouces environ & ſur l'alignement de la pointe du pied droit.

Lorſque de cette poſition, on voudra, pour quelque raiſon que ce ſoit, que le Soldat ſe repoſe ſur les armes, on commandera, *la main droite à vos armes ;* alors le Soldat portera la main droite à quatre doigts du bout du canon ; lorſqu'enſuite on voudra faire porter les armes, on commandera auparavant, *main baſſe*, ce que le Soldat exécutera en coulant la main droite baſſe.

10.

Les armes à terre.

En quatre temps :

Au premier, on tournera le canon vers le corps, en faiſant un *demi-à-droite* ſur le talon gauche, on placera en même temps la pointe du pied droit, derrière la croſſe, & on mettra la main gauche derrière le dos, pour contenir la giberne.

Au deuxième, on portera le pied gauche à deux pieds en avant de l'alignement, & courbant le corps, on couchera le fuſil à terre, la platine en deſſus, la croſſe reſtant appuyée au pied, & l'arme perpendiculaire ſur l'alignement.

Au troiſième, on ſe relèvera, ramenant le pied gauche à côté du droit, le bras droit pendant.

Au quatrième, on tournera ſur le talon gauche, pour faire *face en tête*, le pied droit ſe replaçant à côté du gauche, la main gauche pendante.

Lorſque le Soldat ſaura exécuter ce commandement, on ne l'emploîra plus alors que dans les cas où il ſera néceſſaire que la troupe poſe les armes à terre, pour enſuite quitter ſes rangs.

11.

Reprenez vos armes.

En quatre temps :

Au premier, on tournera à droite ſur le talon gauche, plaçant la pointe du pied droit derrière la croſſe, & la main gauche ſe placera derrière le dos, pour contenir la giberne.

Au deuxième, on portera le pied gauche à deux pieds en avant de l'alignement, & courbant le corps, on ſaiſira le fuſil de la main droite, au milieu du canon.

Au troiſième, on ſe relèvera, ramenant le pied gauche à côté du droit.

Au quatrième, on fera *face en tête*, replaçant le pied droit à côté du gauche; & tournant le fuſil, la ſous-garde en avant, on coulera la main droite baſſe, & la main gauche ſe replacera à gauche.

12.

Portez vos armes.

En deux temps :

Au premier, on élèvera le fuſil de la main droite, tournant le canon en dehors, & le faiſant couler dans la main, juſqu'à ce que la partie ſupérieure de la platine rencontre le petit doigt, pour amener le fuſil vis-à-vis l'épaule gauche, la batterie à hauteur de l'épaule, & le ſoutenir en même temps de la main gauche, qu'on placera ſous la croſſe.

Au deuxième, on achèvera de porter les armes, replaçant en même temps la main droite ſur le côté.

13.

Baïonnette au canon.

En ſept temps :

Les quatre premiers, comme les quatre premiers temps du premier commandement.

Au cinquième, quittant le fusil de la main droite, on saisira la baïonnette à la douille, & on la dégagera du fourreau, la main gauche éloignant un peu le canon du corps, sans déranger la crosse.

Au sixième, rapprochant le canon du corps, on portera la baïonnette au bout du canon, où on l'engagera doucement, prête à y être emboîtée.

Au septième, on emboîtera la baïonnette, & on replacera la main au bout de canon.

14.

Portez vos armes.

En trois temps:

Comme au second commandement.

De tous les commandemens prescrits ci-dessus pour le maniement du fusil, on ne fera usage dans les Exercices généraux, que de ceux qui seront nécessaires, suivant les circonstances, soit pour mettre la baïonnette au canon ou en son lieu, soit pour présenter les armes, porter l'arme au bras, poser la crosse à terre, &c.

SECONDE PARTIE.

Du Maniement des armes de l'Infanterie.

LE Commandant s'étant porté en avant du front du régiment, à la distance nécessaire pour être entendu de la troupe, & suivi d'un Tambour, fera cet avertissement:

Prenez garde à vous pour le maniement des armes.

A cet avertissement, le Tambour fera un roulement, & donnera ensuite un coup de baguette.

A ce signal, le Colonel-commandant ira se placer sur le flanc droit du régiment, & le Lieutenant-colonel sur le flanc gauche, un peu en avant du premier rang, y faisant face; l'homme d'aile partira en même temps pour se porter en avant, de la droite, & à la distance nécessaire pour être aperçu du front de la troupe à laquelle il fera face.

Le

Le Commandant fera enſuite les commandemens ſuivans; ou s'il veut faire exécuter les mouvemens à la muette, il fera faire un ſecond roulement ſuivi d'un coup de baguette, après lequel l'homme d'aile partira pour donner le premier ſignal; & la troupe ſe règlant ſur lui, exécutera les mouvemens preſcrits ci-après.

PREMIER COMMANDEMENT.

Baïonnette en avant.

En deux temps:

Au premier, on portera la main droite à la poignée & on détachera vivement le fuſil de l'épaule, en le tournant le canon en dedans, pour le tenir perpendiculaire vis-à-vis l'œil droit, plaçant la main gauche à la capucine à hauteur des yeux, le pouce alongé le long du bois, les coudes aiſés & ſans contrainte.

Au deuxième, les deux premiers rangs amèneront avec la main droite la croſſe ſous le bras droit, faiſant en même temps un *demi-à-droite* ſur le talon gauche, & plaçant le pied droit en équerre à ſix pouces derrière le gauche, on ouvrira un peu la main gauche, qu'on replacera enſuite ferme en la frappant à la capucine pour préſenter la baïonnette en avant, couchant le fuſil, ſavoir; les Soldats du premier rang, le tenant horizontalement à hauteur de la hanche droite, le canon en deſſus, la baguette en deſſous, le fuſil appuyé ſur le côté; & ceux du ſecond rang plaçant le bec de la croſſe à hauteur & près de la hanche droite, tiendront le bout du canon à hauteur du chapeau.

A l'égard du troiſième rang, il reſtera *haut les armes*, & fera un *demi-à-droite* ſur le talon gauche, plaçant le pied droit en équerre à ſix pouces derrière le gauche en même temps que les premiers rangs.

On exercera ſouvent la troupe à marcher en avant dans cet ordre, d'abord au pas, & enſuite au pas redoublé, pour accoutumer le Soldat à faire la première charge à l'arme blanche, dans le cas où les circonſtances pourroient l'exiger.

Pour cet effet, au commandement *marche*, ils partiront,

dans ce ſeul cas, du pied droit, ceux des premiers rangs tenant toujours la baïonnette directement en avant ; & au commandement *halte*, ils porteront les armes ainſi qu'il eſt preſcrit au commandement ſuivant.

2.

Portez vos armes.

En deux temps :

Au premier, on portera de la main droite le fuſil vis-à-vis l'épaule gauche, on placera en même temps la main gauche ſous la croſſe pour le tenir perpendiculaire, la batterie à hauteur de l'épaule, en faiſant *face en tête* & frappant du pied droit en le replaçant à côté du gauche.

Au deuxième, en baiſſant la main gauche on attirera le fuſil contre l'épaule gauche, replaçant en même temps la main droite ſur le côté.

3.

Apprêtez vos armes.

En trois temps, dans la valeur d'un ſeul :

Au premier, on portera la main droite à la poignée, & on détachera vivement le fuſil de l'épaule en le tournant le canon en dedans pour le tenir perpendiculaire vis-à-vis l'œil droit, plaçant la main gauche à la capucine à hauteur des yeux, le pouce alongé le long du bois, les coudes aiſés & ſans contrainte.

Au deuxième, le premier rang tombera le genou droit en terre avec la plus grande rapidité, le plaçant à dix pouces environ en arrière du talon gauche & à ſix pouces ſur la droite de ſa direction, appuyant en même temps, mais légèrement, la croſſe du fuſil à terre vis-à-vis le genou droit à hauteur du talon gauche, & ſaiſiſſant auſſi-tôt le chien avec le pouce & le premier doigt de la main droite.

Les deux derniers rangs plaçant le pouce droit ſur le chien, & le premier doigt au-deſſus de la ſougarde, feront en même temps un *demi-à-droite* ſur le talon gauche, & placeront le pied droit, ſavoir, le ſecond rang à ſix pouces environ en arrière du talon gauche, & le troiſième rang, ſans effacer le corps, le placera à douze pouces ſur la droite, & à ſix pouces en arrière de l'alignement du talon gauche.

Au troiſième, les trois rangs armeront le fuſil.

Ces mouvemens s'exécuteront avec la plus grande vivacité, & comme il vient d'être dit, dans la valeur d'un ſeul temps.

Les Officiers & Sergens qui ſeront dans les rangs, feront au ſecond temps, un pas en arrière pour retrograder d'un rang.

4.

En joue.

En un temps:

On couchera le fuſil horizontalement pour appuyer la croſſe ferme à l'épaule droite, plaçant le pouce droit ſur la poignée & le premier doigt ſur la gachette.

Les Soldats du premier rang obſerveront d'avoir alors le corps en arrière, & ceux des deux derniers rangs ploieront ſur la partie gauche en inclinant le haut du corps en avant, le jarret droit tendu, appuyant tous la joue ſur la croſſe, l'œil gauche fermé pour viſer & bien ajuſter.

A l'égard des coudes, les Soldats les tiendront au point où ils ſe trouveront le plus en force, & on ne les gênera en aucune manière là-deſſus, afin qu'ils agiſſent avec toute l'aiſance & la célérité poſſible.

On aura attention que ce mouvement ſoit ferme & bien décidé, & qu'il s'exécute ſans aucun tâtonnement de poſition; & pour y perfectionner le Soldat, on commandera ſouvent, *retirez vos armes*, & enſuite *en joue:* on obſervera ſur-tout que le bout du canon ſoit auſſi élevé de terre que la culaſſe pour que le fuſil ſoit bien horizontal, & éviter que le Soldat tire bas, ce qu'il fait machinalement par le poids de ſa baïonnette, & ce qui eſt beaucoup plus vicieux que de tirer haut.

5.

Feu.

En un temps :

On appuiera le premier doigt ſur la gachette, ſans remuer la tête ni faire aucun autre mouvement, & un temps après, le premier rang ſe relèvera bruſquement, joignant les talons, le corps effacé, & tous les Soldats retireront vivement le fuſil, plaçant la croſſe ſous le bras droit, le bout du canon à hauteur du chapeau, la platine à hauteur du creux de l'eſtomac, la main gauche reſtante à la capucine le pouce le long du bois, plaçant le pouce & le premier doigt de la main droite à la vis du chien, prêt à le mettre en ſon repos ; à l'égard des pieds, les Soldats des deux derniers rangs rapprocheront le pied droit contre le talon gauche, le troiſième rang effaçant alors le corps ainſi que les premiers.

Les Officiers & Sergens reprendront en même temps leur place, en faiſant un pas en avant.

6.

Chien en ſon repos.

En un temps :

On relèvera le chien juſqu'à ce qu'il s'arrête dans le premier cran, la main droite reſtant à ſa même poſition.

7.

La cartouche.

En trois temps ;

Au premier, la main droite ſe portera à la giberne pour en tirer la cartouche.

Au deuxième, on portera la cartouche à la bouche, pour la déchirer en mordant juſque dans la poudre.

Au troiſième, on la portera au baſſinet pour amorcer, & on placera enſuite les deux derniers doigts derrière la batterie, tenant la cartouche droite entre le pouce & les deux premiers doigts.

8.

Fermez le baſſinet.

En un temps :

On fermera le baſſinet & on reportera la main droite derrière la platine, ſaiſiſſant la poignée entre les deux derniers doigts & la paume de la main.

9.

Armes à gauche.

En deux temps ;

Au premier, on paſſera la croſſe à gauche en tournant le fuſil perpendiculairement près du corps, & coulant la main juſqu'au milieu du canon, on baiſſera auſſitôt le fuſil de la main gauche, l'abandonnant de la droite pour appuyer la croſſe à terre, à quatre pouces du pied gauche ſur l'alignement de la boucle, le fuſil collé à la cuiſſe.

Au deuxième, on mettra la cartouche dans le canon, donnant tout de ſuite un coup de la paume de la main contre le bout du canon, & on ſaiſira la baguette avec le pouce alongé & le premier doigt ployé, le coude près du corps.

10.

Bourrez.

En ſix temps :

Au premier, on ſortira la baguette à moitié hors des tenons, en alongeant le bras droit de toute ſa longueur, & coulant enſuite la main près du bout du canon, on contiendra la baguette entre le pouce & les quatre doigts alongés, le plat de la main en avant.

Au deuxième, on achèvera de la tirer, la faiſant tourner le bras droit tendu, paſſant le gros bout vers le côté droit, pour le porter à l'orifice du canon & la faire entrer d'environ un pouce.

Au troiſième, on chaſſera la baguette dans le canon, & on la ſaiſira avec le pouce & le premier doigt, à un pouce environ du petit bout, après qu'elle aura rebondi.

Au quatrième on la sortira du canon jusqu'à moitié de sa longueur, & on la saisira près du bout du canon entre le pouce & les quatre doigts alongés, le plat de la main en avant.

Au cinquième, on achèvera de la sortir du canon, & l'ayant fait tourner, le bras droit tendu, on portera le petit bout à l'entrée du premier porte-baguette, où on la fera couler dans les tenons, jusqu'à ce que le gros bout ne dépasse plus que de six pouces le bout du canon, & on placera le milieu du petit doigt ployé sur le gros bout de la baguette, la main demi-fermée.

Au sixième, on l'enfoncera d'un seul coup, & on fera tout de suite *haut les armes*, le corps restant toujours effacé.

Si l'on veut faire continuer le feu, on commandera, *apprêtez les armes;* alors le premier rang tombera genou en terre, & les derniers rangs porteront le pied droit en arrière dans la position prescrite, les trois rangs armant aussi-tôt le fusil.

Si au contraire on veut faire porter les armes, on commandera:

II.

Portez vos armes.

En deux temps:

Au premier, faisant *face en tête*, en replacant & frappant contre terre le pied droit à côté du gauche, on portera le fusil à gauche, plaçant la main gauche sous la crosse, pour le tenir perpendiculaire vis-à-vis & à un demi-pied de distance de l'épaule gauche, la batterie à hauteur de l'épaule.

Au deuxième, en baissant le poignet gauche, on attirera le fusil contre l'épaule gauche, & la main droite se replacera en même temps sur le côté.

Les Officiers & Sergens qui seront dans les rangs pendant le maniement des armes, effaceront le corps à droite, & feront *face en tête* en même temps que la troupe, dans tous les cas où ces mouvemens sont indiqués.

CHAPITRE 2.

De la charge du fusil à volonté.

LORSQU'APRÈS le maniement des armes, le Commandant jugera à propos d'exercer les Soldats à charger vîte & sans intervalle entre les temps, il fera l'avertissement, *prenez garde à vous*, & ensuite le commandement :

Chargez vos armes.

LES trois premiers temps s'exécuteront de la manière suivante :

Au premier, comme au premier temps du premier commandement du maniement des armes.

Au deuxième, faisant un *demi-à-droite* sur le talon gauche, on portera le pied droit en équerre derrière le gauche, les talons joints ; on fera en même temps *armes plates*, en plaçant le fusil, dans la position prescrite au maniement des armes ; après avoir fait *feu*, on donnera un coup ferme de la main gauche à la capucine pour marquer ce temps, & on placera ensuite le pouce de la main droite devant la batterie.

Au troisième, on ouvrira le bassinet.

Ces trois temps s'exécuteront avec l'homme d'aile.

Les Soldats prendront tout de suite la cartouche, la déchireront, amorceront & fermeront le bassinet sans attendre personne ; mais ils se règleront encore sur l'homme d'aile, pour passer ensemble l'arme à gauche ; ce qui étant exécuté, ils chargeront le fusil avec célérité, & le porteront tout de suite à l'épaule, sans se régler sur personne.

On exercera souvent les Soldats à la charge du fusil, afin qu'ils acquièrent la plus grande aisance, & qu'ils parviennent à le faire avec toute la célérité possible, devant regarder cet objet comme le plus essentiel & auquel on doit porter toute son attention.

Le maniement des armes étant fini, le Commandant

fera faire un roulement, après lequel le Colonel-commandant, le Lieutenant-colonel, ainſi que l'homme d'aile, iront reprendre leur place, & le Tambour rejoindra les autres.

Lorſque le Commandant jugera à propos d'exercer les Officiers à ſaluer, il les fera ſortir des rangs pour occuper leur place de parade, & ſaluer de leur arme de pied-ferme & en marchant, décidant du lieu & du moment où le ſalut devra ſe faire; après quoi il leur ordonnera de reprendre leur place dans les rangs pour enſuite exercer avec la troupe.

Quand, après le maniement des armes, pendant les évolutions ou autres occaſions, on voudra expliquer quelque choſe, ou qu'on voudra faire repoſer le Soldat, & lui donner la facilité de ſortir du rang, on commandera, *la croſſe à terre,* ce qui s'exécutera ainſi qu'il eſt preſcrit au neuvième commandement du maniement du fuſil: on commandera enſuite *repos;* alors le Soldat laiſſera tomber ſon fuſil dans le bras droit, la main à plat ſur le bois; il pourra eſſuyer ſon fuſil, rajuſter les parties de ſon équipement qui en auroient beſoin, parler; & ceux qui auront à ſortir du rang pourront le faire, en laiſſant cependant leur fuſil à leur camarade.

On aura ſoin de donner ſouvent ce moment de repos, pour ſoulager le Soldat & ménager ſon attention.

Quand on voudra continuer à exercer, on fera l'avertiſſement, *prenez garde à vous,* auquel le Soldat ſe préparera à exécuter les commandemens qui devront lui être faits, & prêtera la plus grande attention: on commandera enſuite, *portez vos armes,* ce qui s'exécutera ainſi qu'il eſt preſcrit au douzième commandement du maniement du fuſil.

TITRE 10.

TITRE 10.

Principes généraux pour la Marche & les Évolutions.

CHAPITRE 1.er

De la Marche.

LA marche doit être considérée comme un des objets le plus essentiel des Exercices à pied, & en même temps comme un de ceux qui exige le plus de liberté & d'aisance pour parvenir à la plus grande célérité dans les manœuvres; elle sera divisée en plusieurs parties, afin de déterminer la longueur & la durée des différens pas, relativement aux évolutions qu'on aura à exécuter.

On distinguera trois sortes de marches, celle en ligne directe, celle en ligne oblique, & la marche de conversion.

La marche devant soi en ligne directe, se fera par quatre sortes de pas.

Le pas lent, le pas ordinaire, le pas redoublé & le pas de course.

La longueur du pas lent sera d'environ six pouces, & se fera en portant le talon à hauteur de la pointe du pied qui sera derrière; sa durée sera d'environ une seconde, & on restera encore la valeur d'une seconde sur chaque pas pour porter l'à-plomb du corps sur la jambe qui sera en avant.

La longueur du pas ordinaire sera d'environ deux pieds, & sa durée d'environ une seconde.

La longueur du pas redoublé sera de même d'environ deux pieds, le tout d'un talon à l'autre, & sa durée d'une demi-seconde.

La longueur du pas de courſe ſera à peu-près de dix-huit pouces, & ſa durée d'un quart de ſeconde environ; il ſe fera en portant un peu le haut du corps en avant pour en accélérer l'exécution; on ne s'en ſervira jamais en ligne, mais ſeulement pour faire arriver en bataille les dernières diviſions d'une colonne.

Le pas oblique ſe fera dans l'eſpace d'une ſeconde, il ſera environ de dix-huit pouces, & s'exécutera de la manière ſuivante :

Si c'eſt à droite, on partira du pied gauche en avant, le pied droit ſe portera obliquement à droite, & le pied gauche ſe portera en avant vis-à-vis la pointe du pied droit. Si c'eſt à gauche, on partira du pied gauche obliquement à gauche, & le pied droit ſe portera en avant vis-à-vis la pointe du pied gauche.

On redoublera le pas oblique comme le pas ordinaire, en faiſant deux pas obliques dans l'eſpace d'une ſeconde.

Le pas de flanc s'exécutera en portant le pied gauche à hauteur du pied droit du Soldat qui précèdera, & ſans jamais que les files s'ouvrent.

Le pas que chaque Soldat doit faire en marchant en ligne circulaire, pour faire un mouvement de converſion, doit être plus raccourci ou plus alongé, ſelon que celui qui le fait ſe trouve plus près ou plus éloigné du pivot.

Il en ſera de même de tous les pas preſcrits ci-deſſus, dont la longueur n'eſt déterminée que pour en établir le principe, bien entendu qu'ils pourront être alongés ou raccourcis ſuivant le beſoin, ſoit pour regagner l'alignement, la diſtance, &c.

Le pas en arrière ne ſera que d'un pied de longueur environ; on l'exécutera en portant tout de ſuite le pied gauche en arrière ſans le marquer en avant, & enſuite le droit; il ſe fera dans l'eſpace d'une ſeconde, & l'on ne s'en ſervira que pour ouvrir les rangs en arrière, ou pour parcourir un très-petit eſpace.

Les hommes rangés en bataille, occuperont au moins dix-huit pouces de front, pour pouvoir agir & charger leur arme avec liberté; mais pour évaluer le terrein nécessaire à une troupe en bataille, on comptera deux pas (de trois pieds environ) pour trois hommes, y compris l'espace que les Officiers doivent tenir dans les rangs : ce calcul se trouve assez juste, & il est d'autant plus commode dans les supputations en grand, qu'il se trouve dans le moment.

La distance d'un rang à l'autre, sera de quatre pas, c'est-à-dire de huit pieds à rangs ouverts, de deux pas à rangs demi-ouverts, & de douze pouces environ à rangs serrés, le tout compté de l'alignement de la pointe des pieds d'un rang à celui des talons du rang qui précèdera.

L'intervalle d'un bataillon à l'autre, sera d'environ quatre pas.

Chaque Soldat, pour s'aligner, verra du coin de l'œil la poitrine du second homme qui sera à sa droite ou à sa gauche, selon le côté où on s'alignera.

On s'attachera à enseigner aux Soldats, à porter leur arme de manière qu'elle ne chancelle pas, à marcher carrément devant eux, sans ouvrir ni serrer leur file ni leur rang, à garder leur distance & leur alignement, à partir du pied gauche pour toutes sortes de pas, & à s'arrêter au commandement *halte*, en plaçant sur le champ le pied qui sera derrière, sur l'alignement de celui de devant.

Lorsqu'en marchant, on voudra faire passer la troupe d'un pas à un autre, on fera l'avertissement de l'espèce de pas qu'on voudra faire marcher, & on commandera ensuite, *marche;* à ce commandement, on achèvera le pas qui sera commencé, & l'on partira de l'autre jambe, pour exécuter celui qui aura été ordonné.

Le pas redoublé sera sousentendu par le commandement, *marche, marche;* après lequel on l'exécutera en se conformant à ce qui vient d'être prescrit.

On aura pour objet en exerçant les recrues ſuivant les principes preſcrits ci-deſſus, de les débourer, de leur donner un air de liberté & d'aiſance, & de les mettre en état de marcher en parade.

Mais on ne s'occupera dans les évolutions en grand, que de l'enſemble général, laiſſant marcher le Soldat ſon pas naturel; il ſuffira qu'il marche en bon ordre, ſans fatiguer à chaque inſtant ſon attention à un alignement ſcrupuleux, qui, outre ſon inutilité dans certains cas, appeſantit tous les mouvemens, & devient contraire à la célérité.

On rétablira, à la fin de chaque manœuvre, le peu de flottement qu'il pourroit y avoir dans les rangs, en faiſant le commandement, *halte, alignez*, auquel on exigera du Soldat la plus ſcrupuleuſe attention pour s'aligner dans un clin d'œil.

CHAPITRE 2.

De la Marche en colonne.

TOUTES les fois qu'un régiment devra ſe rompre pour marcher en colonne, le Commandant de chaque diviſion quelconque, ſe portera au pas redoublé, à deux pas environ en avant du centre de ſa diviſion, à la fin du commandement, pour rompre le régiment, & il ſera remplacé au premier rang, par le Sergent qui ſera derrière lui; dès que la diviſion ſe remettra en bataille, il reprendra ſa place dans le rang.

Tous les autres Officiers, Fourriers & Sergens de chaque diviſion, reſteront à leur place ordinaire en ſerre-file ou dans les rangs.

Le Colonel, Colonel-commandant & le Lieutenant-colonel, reſteront à la tête de la diviſion dans laquelle ils ſeront, bien entendu qu'ils pourront ſe porter de-là par-tout où beſoin ſera.

Le Major marchera à la tête du régiment, à deux pas en

en avant de l'Officier qui ſera à la tête de la première diviſion.

L'Officier-major de chaque bataillon ſe tiendra ſur le flanc de la colonne & à portée de l'Officier ſupérieur du bataillon pour recevoir ſes ordres.

Les Tambours de chaque bataillon ſe placeront ſur un ou deux rangs ſur le flanc de la colonne, à hauteur du ſecond peloton; & lorſque le terrein ne leur permettra pas d'y marcher, ils ſe placeront dans la colonne, entre le ſecond & le troiſième peloton.

On marchera en colonne de trois manières: ſavoir, à diſtances entières, à demi-diſtances, & en ordre ſerré, ou (ce qui eſt la même choſe) en maſſe.

Lorſqu'on marchera à diſtances entières, l'Officier qui ſera à la tête de chaque diviſion, obſervera de ne pas laiſſer plus de diſtance du premier rang de ſa troupe, au premier rang de celle qui la précèdera, qu'il n'en faudra à cette troupe pour ſe mettre en bataille, ou la moitié ſeulement, ſi les diſtances ne doivent être que demi-ouvertes.

Lorſqu'on marchera en *ordre ſerré*, on n'obſervera qu'un pas environ du premier rang d'une diviſion, au troiſième rang de celle qui précèdera, les Officiers de la tête de chaque troupe ſe plaçant alors ſur le flanc gauche, & les ſerre-files ſur le flanc droit de leur troupe.

Si les diviſions ſont en colonne pour manœuvrer, les rangs reſteront ſerrés, & n'obſerveront pendant la marche que dix-huit pouces de diſtance au plus; mais au mot *halte*, les ſecond & troiſième rangs alongeront le dernier pas pour ſe reſſerrer à douze pouces, ainſi qu'il eſt preſcrit ci-devant.

Si l'on avoit beaucoup de chemin à faire en colonne, on feroit ouvrir les rangs à deux pas de diſtance pour que le Soldat marche avec plus d'aiſance; & pour cet effet, ſi le front des diviſions eſt aſſez étendu pour que les rangs puiſſent s'ouvrir ainſi ſans alonger la colonne, le premier rang de toutes les diviſions s'ébranlera en même temps, puis le ſecond & enſuite le troiſième : mais ſi le front des diviſions ne permet pas d'ouvrir les rangs à deux pas de diſtance, ſans alonger la colonne, la première diviſion ſe mettra en mouvement ſeule ſucceſſivement par rang, puis la ſeconde & ainſi des autres; en obſervant qu'il n'y ait alors que deux pas de diſtance entre l'Officier qui ſera à la tête d'une diviſion, & les ſerre-files de celle qui la précèdera.

Les files des ailes de la colonne ſeront toujours alignées par la droite ou par la gauche, ſur la direction de celle de la diviſion de la tête de la colonne, vers le côté par lequel on aura tourné en dernier lieu en marchant, ou qu'on devra ſe mettre en bataille.

Ces mêmes files qui n'auront d'autre attention que de bien marcher à leur direction, & à ne laiſſer qu'un pas de diſtance du premier rang de la diviſion à l'Officier qui marchera à la tête, ſerviront chacune de guide à leur rang pour être aligné, ſoit par la droite ou par la gauche.

Si l'on marche en colonne ſur un front de plus d'un demi-bataillon, chaque diviſion de la colonne s'alignera ſur le centre; mais les Soldats auront dans tous les cas l'attention de ne point ſe ſerrer ni ſe ſéparer de leur guide qui ne doit jamais quitter ſa direction.

Lorſqu'on marchera obliquement, tous les Soldats regarderont du côté vers lequel ils dirigeront leur marche.

Toutes les fois qu'on défilera en colonne pour une revûe, les Soldats regarderont pour ce moment du côté de la perſonne devant laquelle on paſſera.

Lorſqu'en marchant il ſe trouvera quelqu'empêchement qui ne permettra pas au front de la colonne de paſſer en entier, l'Officier commandant la première diviſion fera ſerrer les rangs s'ils ſont ouverts: les Soldats de la gauche de cette diviſion qui ne pourront pas marcher devant eux, feront *à droite* pour doubler par le pas de flanc derrière la partie de leur diviſion qui ſe ſera portée en avant, & ſe remettront *face en tête* pour enſuite paſſer & ſe reformer par les mouvemens contraires.

La même choſe s'obſervera par les Soldats de la droite, ſi le défilé eſt à gauche, en exécutant les mouvemens contraires.

Cette manœuvre ne ſe commencera dans chaque diviſion que tout près du défilé, & les parties de diviſions qui auront doublée, ſe reformeront légèrement, afin qu'il n'y ait aucun retadr à la marche de celles qui les ſuivront.

La première diviſion après avoir paſſé le défilé & s'être portée en avant d'environ dix ou douze pas, ralentira ſa marche, pour donner le temps à la partie qui aura dédoublé le front, de doubler au commandement de l'Officier: elle prendra enſuite le pas ordinaire que toutes les autres diviſions prendront ſucceſſivement en ouvrant les rangs à la demi-diſtance, s'ils l'étoient auparavant.

Quand on voudra former le régiment en bataille, le Commandant fera les commandemens pour ſerrer les rangs s'ils ſont ouverts, & les Tambours ſortiront de la colonne s'ils y ſont, pour ſe placer ſur le flanc; ſi la colonne occupe alors plus de terrein que le régiment n'en doit avoir étant formé, la première diviſion fera *halte* ou ralentira ſon pas au commandement qui en ſera fait, tandis que les autres ſe ſerreront ſur elle au pas redoublé juſqu'à ce qu'elles ſoient arrivées à la diſtance qui ſera déſignée par le Commandant; après quoi elles marcheront avec elle le petit pas ou feront *halte* ſi elle eſt *arrêtée:* quand la dernière diviſion aura fini de ſerrer, on commandera, *marche;* à ce commandement, toutes les diviſions ſe mettront en mouvement à la fois pour marcher le pas ordinaire.

On fera enſuite les commandemens néceſſaires pour

mettre la colonne en bataille ainſi qu'on le jugera à propos, en ſe conformant à ce qui eſt preſcrit à cet égard au *titre des Évolutions.*

CHAPITRE 3.

De la marche en bataille.

LORSQU'UN régiment marchera en bataille, il portera ſes armes & marchera le pas ordinaire, les rangs ſerrés, les tambours battant *aux champs.*

Quand on fera le commandement de marcher au pas redoublé, les Tambours battront *la charge ;* mais on ne fera *haut les armes* ou *baïonnette en avant,* qu'au commandement qui en ſera fait à quinze pas de l'ennemi, pour le charger à l'arme blanche, & alors les derniers rangs ſe ſerreront entièrement ſur le premier.

Lorſqu'on marchera ainſi en bataille, toutes les têtes du demi-bataillon de la droite, regarderont à gauche, & toutes celles du demi-bataillon de la gauche regarderont à droite, pour prendre le point de vue ſur le centre, marchant carrément devant ſoi.

La file de la gauche du premier bataillon & la file de la droite du ſecond bataillon, auront attention d'obſerver de concert enſemble, l'intervalle qu'il doit y avoir d'un bataillon à l'autre, en ſoutenant leur rang ſi l'intervalle ſe rétréciſſoit, ou en abandonnant leur rang plutôt que leur direction s'il s'élargiſſoit.

Lorſque pluſieurs bataillons marcheront enſemble en ligne, la file gauche de tous les bataillons de la droite de la ligne ſera chargée d'obſerver ſeule l'intervalle de ſon bataillon à celui qui ſera à ſa gauche, & la file droite de tous les bataillons de la gauche ſera de même chargée d'obſerver ſeule l'intervalle de ſon bataillon à celui qui ſera à ſa droite, en ſe conformant à ce qui vient d'être preſcrit pour chacune des files du centre.

Les

Les Soldats des bataillons de la droite de la ligne, auront pour principe, lorſque les files ſeront trop ouvertes, de les reſſerrer ſur leur gauche, de même que lorſqu'elles ſeront trop ſerrées, ils les ouvriront du côté oppoſé.

Les Soldats des bataillons de la gauche de la ligne, obſerveront les mêmes principes par les moyens contraires.

Pour faciliter l'alignement, on fera ſortir de chaque bataillon quatre bas Officiers qui marcheront à quatre pas en avant du centre de leur bataillon, à la tête deſquels ſe placera l'Officier ſupérieur du bataillon pour marcher à deux pas en avant.

Si le centre de la ligne ſe trouve être un intervalle, on établira de même en avant de cet intervalle, quatre bas Officiers, à la tête deſquels marchera un Officier ſupérieur qui ſervira de baſe à l'alignement général, & qui prendra ſon point de direction pour marcher bien carrément & d'un pas égal.

Tous les autres Officiers & bas Officiers qui marcheront en avant du centre de chaque bataillon, s'aligneront ſur l'Officier ſupérieur & les bas Officiers du centre de la ligne.

Les Officiers qui ſeront ſur les ailes des bataillons, s'avanceront au commandement *marche*, quatre pas en avant du premier rang, ils ſeront remplacés au premier rang par les Sergens du ſecond rang, & ils auront attention de marcher bien droit devant eux, & de ſe régler ſur les bas Officiers du centre; ces Officiers & bas Officiers devant tous ſervir d'alignement au bataillon.

Par ce principe, chaque bataillon aura pour baſe d'alignement, l'Officier & les quatre hommes qui marcheront en avant du centre, & pour baſe de direction, la file gauche ou droite du bataillon qui ſera chargée d'obſerver l'intervalle; c'eſt à quoi les Officiers-majors veilleront en parcourant continuellement la queue de leur bataillon de la droite à la gauche, pour donner les instructions nécessaires aux Soldats, mais en observant de leur parler à voix basse.

S'il arrivoit en marchant sur un grand front, que les files se serrassent insensiblement & au point de déranger l'ordre de bataille, on feroit rester en arrière la division qui se trouveroit la plus serrée, & elle reprendroit ensuite sa place par file, à mesure qu'on lui feroit jour.

Lorsqu'en marchant en bataille, il se trouvera quelqu'empêchement, qui ne permettra pas à une ou à plusieurs parties d'un bataillon, de passer, la partie qui se trouvera arrêtée fera *à droite* & *à gauche* par homme, pour longer sur chaque côté du terrein qui sera obstacle, & chaque file après avoir fait *face en tête*, ira successivement au pas de course, rejoindre la partie de laquelle elle aura été séparée.

On exercera chaque régiment à marcher le pas redoublé jusqu'à quatre ou cinq cents pas de suite dans toutes sortes de terreins.

CHAPITRE 4.

De la Marche de Conversion.

LES quarts de conversion qui devront se faire ensemble par toutes les divisions d'une ligne, soit pour se mettre en colonne, soit en colonne pour se mettre en bataille, s'exécuteront toujours à rangs serrés & le plus carrément qu'il sera possible, sans que le pivot perde de terrein.

Il faut pour l'exécution de cette manœuvre que tous les Officiers & les Soldats se mettent en mouvement ensemble, qu'ils aient les yeux sur l'Officier placé à l'aile qui devra tourner; qu'ils règlent leur marche sur la sienne, de manière qu'ils lèvent chaque pied en même temps & autant de fois que lui, & qu'ils ne gagnent à chaque pas ni plus ni moins de terrein qu'il sera nécessaire pour se tenir à même hauteur, relativement au pivot sur lequel ils donneront souvent un coup-d'œil pour s'y aligner & ne point s'en séparer.

Le quart de conversion achevé, toute la troupe retournera brusquement la tête du côté où elle devra s'aligner au commandement qui en sera fait.

A l'égard des quarts de conversion qui devront se faire successivement en colonne, on pourra les exécuter à rangs demi-ouverts, comme à rangs serrés, & sans rien déranger à l'ordre de marche des divisions, telles distances qu'elles puissent observer entr'elles.

Pour exécuter successivement le quart de conversion par peloton, marchant à la distance entière & à rangs demi-ouverts, il faut que le pivot de chaque rang à mesure qu'il commencera son quart de conversion, parcoure un quart de cercle de trois pieds environ, formé sur une augmentation de rayon ou prolongement du front de la troupe, de deux pieds environ.

L'aile du premier rang du premier peloton, partant au pas redoublé de son alignement pour commencer son quart de conversion, parcourra huit pieds, tandis que le second rang en parcourra quatre au pas ordinaire, pour arriver sur l'alignement (d'où sera parti le premier rang) où il devra commencer son quart de conversion, & successivement le troisième rang; observant alors huit pieds de distance entre les rangs du côté de l'aile, & les pivots se serrant successivement l'un sur l'autre.

Le premier rang ayant achevé son mouvement, se portera en avant au pas ordinaire, & parcourra quatre pieds, tandis que le second achèvera son mouvement, & prendra ensuite le pas ordinaire pour marcher à sa distance, & successivement le troisième rang & les pelotons suivans, qui observeront la même règle.

Pour exécuter successivement le quart de conversion par demi-peloton ou division, marchant à la distance entière

& à rangs ſerrés, il faut que le pivot de chaque diviſion qui tournera, parcoure un quart de cercle de quatre pieds, formé ſur une augmentation de rayon, ou prolongement du front de la troupe, de deux pieds & demi environ.

La première diviſion partant de ſon alignement pour commencer ſon quart de converſion, l'aile marchant le pas redoublé, achèvera ſon mouvement avant que la diviſion ſuivante arrive ſur l'alignement d'où la première ſera partie; au moyen de quoi elle ne ſe trouvera point gênée par la première, & ne gênera point celle qui la ſuivra.

Pour exécuter ſucceſſivement le quart de converſion par peloton marchant à demi-diſtance, ſans rien déranger à leur ordre de marche.

Il faut que le pivot de chaque peloton, parcoure un quart de cercle de neuf pieds, formé de même ſur une augmentation de rayon ou prolongement du front de la troupe, de ſix pieds.

Le premier peloton partant de ſon alignement, pour commencer ſon quart de converſion, l'aile marchant le pas redoublé, aura fait ſon mouvement à moitié, lorſque le ſecond peloton arrivera ſur l'alignement d'où le premier ſera parti; & le ſecond peloton commençant alors le ſien, ſe trouvera avoir fait moitié du quart de converſion, lorſque le premier achèvera le ſien, & que le troiſième peloton le commencera; par ce moyen, il ſe trouvera toujours deux pelotons ſur le même quart de cercle, ſans que l'un puiſſe gêner ni retarder l'autre, & ſans que les diſtances ſoient altérées.

On pourroit de même changer la direction d'une colonne marchant en ordre ſerré, ſans rien déranger à ſon ordre de marche, en ſuivant le même principe, & en faiſant parcourir aux pivots des diviſions ou pelotons, un quart de cercle aſſez grand pour qu'il ſe trouve ſur le même

même quart de cercle, la quantité de divisions nécessaires relativement au front de la colonne.

Lorsqu'on voudra exécuter le quart de conversion successivement par pelotons marchant à la distance entière, sans que l'aile de chaque peloton qui tournera, aille plus vîte que le pas ordinaire, on fera parcourir au pivot de chaque peloton un quart de cercle de neuf pieds, formé sur une augmentation de rayon ou prolongement du front de la troupe, de six pieds.

Le premier peloton partant de son alignement, pour commencer son quart de conversion, l'aura fait à moitié lorsque le second peloton arrivera sur l'alignement d'où le premier sera parti ; le second peloton commençant alors son quart de conversion, se trouvera l'avoir fait à moitié lorsque le premier peloton achèvera le sien, & que le troisième le commencera ; par ce moyen il y aura toujours deux pelotons sur le même quart de cercle.

TITRE II.

Des Manœuvres de détail.

CHAPITRE I.er

OUVRIR ET SERRER LES RANGS.

LORSQU'UN régiment sera en bataille à rangs serrés, & qu'on voudra les faire ouvrir en avant, on commandera :

1.

Attention.

2.

à deux ou *à quatre* } *pas, ouvrez les rangs.*

3.

Marche.

Le dernier rang ne bougera ; le premier rang partira

ſeul, marchant le pas ordinaire, & s'arrêtera après avoir fait quatre (*ou* huit) pas; le ſecond rang partira au troiſième (*ou* au cinquième) pas du premier rang, & s'arrêtera après avoir fait le nombre de pas qui aura été ordonné.

POUR FAIRE OUVRIR LES RANGS EN ARRIÈRE.

On commandera :

1.

Attention.

2.

A quatre ou *huit* } *pas, ouvrez les rangs en arrière.*

3.

Marche.

Le premier rang ne bougera ; le ſecond & le troiſième rangs partiront ſeuls, marchant le pas en arrière, & s'arrêteront, ſavoir, le ſecond rang après avoir fait quatre (*ou* huit) pas ; & le troiſième rang après en avoir fait huit (*ou* ſeize), la longueur du pas en arrière étant déterminée à un pied.

POUR SERRER LES RANGS.

On commandera :

1.

Attention.

2.

Serrez les rangs en avant.

3.

Marche.

Le premier rang ne bougera ; les deux derniers rangs marcheront en avant au pas redoublé pour ſe ſerrer ſur le premier.

CHAPITRE 2.

DES À DROITE, DES À GAUCHE, ET DES DEMI-TOURS À DROITE PAR FILE.

On commandera :

1.

Attention.

2.

A droite.

En deux temps :

Au premier, on tournera ſur les deux talons, élevant un peu les pointes des pieds, la tête reſtant fixée ſur l'homme d'aile.

Au deuxième, on élèvera un peu le pied droit, pour le placer à côté du gauche, en le frappant contre terre.

Lorſqu'on exécutera ce mouvement en marchant, on tournera à droite ſur le talon gauche, en poſant le pied à terre, & on repartira en avant de la jambe droite.

3.

A gauche (ou *front).*

En deux temps :

Au premier, on ſe remetrra en tournant de même ſur les deux talons pour faire *face en tête.*

Au ſecond, comme ci-deſſus.

Si c'eſt en marchant, on tournera à gauche ſur le talon droit, en poſant le pied à terre, & on repartira en avant, de la jambe gauche.

On obſervera dans l'un & l'autre cas, en marchant, d'achever le pas de la jambe oppoſée à celle dont on devra partir pour exécuter ce mouvement.

1.

Attention.

2.

Demi-tour à droite.

En trois temps.

Au premier, on portera le pied droit à ſix pouces environ en arrière, la boucle du pied droit ſe trouvant vis-à-vis le talon gauche, ſans tourner le corps ni faire d'autre mouvement que celui de porter la main droite à la giberne, la ſaiſiſſant par le coin, pour la contenir en tournant.

Au deuxième, on tournera ſur les deux talons, élèvant un peu la pointe des pieds, pour faire face du côté oppoſé, la tête reſtant à droite pour fixer l'homme d'aile derrière la gauche devenue la droite, & ſerrant bien la croſſe avec la main gauche, pour que le fuſil ne faſſe aucun mouvement en tournant.

Au troiſième, on replacera le pied droit à côté du gauche, en le frappant contre terre, & la main droite quittant la giberne, ſe replacera ſur le côté.

Le *demi-tour à droite* en marchant, s'exécutera de même en trois temps, qui ſeront marqués en faiſant deux petits pas ſous ſoi, & le troiſième en repartant en avant, le tout de la même vîteſſe (*ou* meſure) dont la troupe aura été précédemment.

Il ſe commencera de la jambe gauche, obſervant de tourner le pied en dedans pour le croiſer devant la jambe droite, & le poſer à terre, en tournant le corps à droite pour le premier temps.

Au deuxième, on fera un ſecond *à droite*, en faiſant de même un pas ſous ſoi, de la jambe droite.

Au troiſième, on partira en avant, de la jambe gauche, ou l'on aſſemblera ſi on fait le commandement *halte*.

Pour faire *face en tête*, on commandera *front*, au lieu de *demi-tour à droite*.

On obſervera de même, pour commencer ce mouvement, en marchant, d'achever le pas qui ſera commencé après le commandement, ainſi qu'il a déjà été preſcrit, pour paſſer d'un pas à un autre.

CHAPITRE 3.

CHAPITRE 3.

DOUBLER ET DÉDOUBLER LES FILES.

POUR augmenter la profondeur des bataillons en diminuant leur front, on le fera de deux manières, en avant & sur le même alignement.

POUR DOUBLER LES FILES SUR LE MÊME ALIGNEMENT.

On commandera :

1.

Attention pour doubler les files par division.

2.

Marche.

Toutes les divisions paires, à l'exception de la compagnie de Grenadiers, feront cinq pas en arrière ; après quoi on commandera :

3.

A droite & à gauche.

4.

Marche.

Au troisième commandement, les Grenadiers & le bataillon de la droite, feront *à gauche,* & le bataillon de la gauche fera *à droite,* à l'exception des deux divisions du centre du régiment, qui ne bougeront : au quatrième commandement, toutes les autres divisions se mettront en mouvement, marchant le pas de flanc, pour doubler sur leurs seconde & première divisions.

A mesure que les divisions arriveront sur le centre du régiment, le Commandant de chaque division commandera *halte, front aligné,* & toute la division fera *halte, face en tête,* & s'alignera vivement.

POUR DÉDOUBLER LES DIVISIONS.

On commandera :

1.

Attention, pour dédoubler les diviſions.

2.

A droite & à gauche.

3.

Marche.

Au deuxième commandement, les Grenadiers & le bataillon de la droite feront *à droite*, & le bataillon de la gauche fera *à gauche ;* à l'exception des deux diviſions du centre du régiment qui ne bougeront.

Au troiſième commandement, toutes les autres diviſions marcheront le pas de flanc. Dès que la file gauche de la première diviſion du quatrième peloton du premier bataillon aura dépaſſé la file droite de ſa ſeconde diviſion, & que la file droite de la ſeconde diviſion du premier peloton du ſecond bataillon aura dépaſſé la file gauche de ſa première diviſion, les Officiers de ces deux diviſions, leur commanderont *halte, front aligné ;* la ſeconde diviſion du premier peloton du ſecond bataillon ayant fait *front,* ſe portera vivement en avant, ainſi que la ſeconde diviſion du quatrième peloton du premier bataillon, pour s'aligner vivement ſur le centre, ce qui s'exécutera ſucceſſivement de même par toutes les autres diviſions des premier & ſecond bataillons ; les Grenadiers s'arrêtant pour faire *front* en même temps que la première diviſion.

Dans le cas où il y auroit des Grenadiers placés à la gauche du ſecond bataillon, ils ſuivroient, pour cette manœuvre, les mouvemens de la ſeconde diviſion du quatrième peloton de leur bataillon.

Lorſqu'on voudra doubler les diviſions en marchant, on commandera :

1.

Attention, pour doubler les diviſions en avant.

2.

Marche.

Toutes les diviſions impaires ſe porteront en avant, ainſi que la compagnie de Grenadiers, ou ſi la troupe eſt en mouvement, les diviſions paires ralentiront leur pas, juſqu'à ce qu'elles ſoient dépaſſées par les premières; les deux diviſions du centre du régiment, continueront de marcher directement en avant, & toutes les autres les joindront en marchant le pas oblique.

POUR DÉDOUBLER LES DIVISIONS.

ON commandera:

1.

Attention, pour dédoubler les diviſions en avant.

2.

Marche.

Les deux diviſions du centre du régiment, marcheront directement en avant, & toutes les autres diviſions, ainſi que les Grenadiers, marcheront le pas oblique vers les ailes du régiment; dès que la file gauche de la première diviſion du quatrième peloton du premier bataillon aura dépaſſé la file droite de ſa ſeconde diviſion, & que la file droite de la ſeconde diviſion du premier peloton du ſecond bataillon, aura dépaſſé la file gauche de ſa première diviſion, les Officiers de ces deux diviſions, leur commanderont *en avant;* alors ces deux diviſions ceſſeront le pas oblique, pour marcher directement en avant; l'Officier de la ſeconde diviſion du quatrième peloton du premier bataillon, & celui de la ſeconde diviſion du premier peloton du ſecond bataillon, commanderont auſſitôt *alignez;* alors ces deux diviſions ſe porteront vivement en avant ſur l'alignement de leur première ligne, ce qui s'exécutera ſucceſſivement de même par toutes les diviſions de ſeconde ligne; les Grenadiers ceſſant le pas oblique en même temps que la première diviſion du premier peloton.

Lorſqu'on voudra obſerver les intervalles entre chaque peloton, en doublant les diviſions, on en fera mention dans le commandement; alors les premières diviſions de chaque peloton, ne changeront point de direction, & les ſecondes diviſions doubleront derrière elles.

Lorſqu'enſuite on voudra dédoubler les diviſions, on exécutera les mouvemens contraires.

CHAPITRE 4.

BORDER LA HAIE.

POUR border la haie par compagnie, ſans rien déranger à la formation des diviſions, on fera mettre les bataillons en colonne par compagnie, après quoi on commandera :

1.

Attention pour border la haie.

2.

A droite & à gauche.

3.

Marche.

4.

Front.

5.

Alignez.

Au deuxième commandement, le troiſième rang de la première diviſion & le premier rang de la ſeconde ne bougeront. Le premier & le ſecond rang de la première diviſion feront *à droite*, & les ſecond & troiſième rangs de la ſeconde diviſion feront *à gauche.*

Au troiſième commandement, ces mêmes rangs marcheront le pas de flanc vers les ailes, & s'arrêteront ſucceſſivement à meſure qu'ils ſe feront dépaſſés.

Au quatrième commandement, ils feront *face en tête.*

Au cinquième commandement, les ſecond & troiſième rangs de chaque diviſion ſe porteront en avant ſur l'alignement du premier.

Lorſqu'enſuite on voudra remettre les diviſions ſur trois rangs, on commandera :

1. *Attention.*

1.

Attention, pour vous mettre en bataille.

2.

Marche.

3.

A droite & à gauche.

4.

Marche.

5.

Front.

Au deuxième commandement, le troisième rang de chaque division ne bougera; les premier & second rangs se porteront en avant; savoir, le second rang un pas, & le premier rang deux pas.

Au troisième commandement, le troisième rang de la première division & le premier rang de la seconde, ne bougeront; les premier & second rangs de la première division feront *à gauche*, & les second & troisième rangs de la seconde division feront *à droite*.

Au quatrième commandement, ces mêmes rangs marcheront le pas de flanc sur le centre pour doubler sur leurs dernier & premier rangs.

Au cinquième commandement, ils feront *face en tête*.

On fera ensuite les commandemens nécessaires pour reformer les bataillons.

TITRE 12.

DES ÉVOLUTIONS.

CHAPITRE I.er

Des différentes manières de rompre un régiment, ou de le mettre en colonne.

ARTICLE I.er

ROMPRE UN RÉGIMENT EN AVANT, ou *LE FORMER EN COLONNE.*

LE régiment étant en bataille, on fera les commandemens suivans :

1.

Attention.

2.

Demi-bataillon, Peloton, Division, Quart de rang, } *rompez en avant,* ou *formez la colonne en avant.*

3.

Marche.

Si l'on a commandé de *rompre*, le demi-bataillon, le peloton, la division ou le quart de rang de la droite du régiment, se portera en avant, tandis que les autres feront un *demi-quart de conversion à droite*, pour se porter diagonalement sur la direction de la première division, où en arrivant ils feront successivement un *demi-quart de conversion à gauche* pour prendre leur rang dans la colonne.

Si l'on a commandé de former la *colonne*, la première division se portera de même en avant, & les autres divisions feront un *quart de conversion à droite*, pour se porter sur le terrein qu'occupoit la première division; à mesure qu'elles arriveront à sa hauteur, elles feront successivement un *quart de converſion à gauche*, au ſeul commandement *marche* que fera l'Officier, pour enſuite marcher ſur ſa direction.

Il ſera toujours ſous-entendu que la droite ouvrira la marche, quoiqu'il n'en ſoit pas fait mention dans le commandement; mais lorſqu'on voudra marcher par la gauche, par le centre, ou former deux colonnes, on en ſera l'avertiſſement dans le commandement: alors on ſe rompra, ou l'on formera une ou deux colonnes en ſuivant les mêmes principes que ci-deſſus.

ARTICLE 2.

AUTRE MANIÈRE DE FORMER UN RÉGIMENT EN COLONNE.

LORSQU'ON voudra former un régiment en colonne de pied-ferme, pour le raſſembler en ordre ſerré ou en maſſe, on fera les commandemens ſuivans:

1.

Attention.

2.

Pelotons, en avant par échelons pour former la colonne.

3.

Marche.

La compagnie de Grenadiers ſe mettra en mouvement & marchera directement en avant; au moment où cette compagnie achèvera le troiſième pas, l'Officier du premier peloton du premier bataillon commandera *marche*, & lorſque cette diviſion ou peloton achèvera le troiſième pas, l'Officier du ſecond peloton commandera *marche*, & ainſi ſucceſſivement des autres de la droite à la gauche.

Dès que le troiſième peloton du ſecond bataillon fera le quatrième pas, le Commandant du régiment commandera:

4.

Halte.

5.

à droite, ou *à gauche,* } *formez la colonne.*

6.

Marche.

Si on a commandé *à droite*, le premier peloton du premier bataillon ne bougera.

Le quatrième peloton du ſecond bataillon fera *à droite*, & ſe portera en avant : dès qu'il arrivera derrière & à hauteur de la file droite du troiſième peloton, celui-ci fera *à droite* au commandement de l'Officier, pour marcher enſuite en avant avec le quatrième, ce qui ſera exécuté ſucceſſivement par tous les autres pelotons, à meſure que ceux qui ſeront à leur gauche, ſe reploîront, & ſeront arrivés derrière & à hauteur de leur file droite, pour ſe porter & arriver tous enſemble derrière & à hauteur du premier peloton, où ils feront *halte, face en tête* par un *à gauche*, & s'aligneront au commandement qui en ſera fait.

Si on a commandé *à gauche*, ce ſera le quatrième peloton du ſecond bataillon qui ne bougera, & tous les autres feront ſucceſſivement *à gauche*, pour ſe reployer en colonne en avant les uns des autres, & arriver juſque ſur la direction du quatrième peloton qui n'aura point bougé, en ſe conformant aux mêmes principes que ci-deſſus.

Si au contraire on veut former la colonne ſur la direction du centre, on fera l'avertiſſement, *que tel peloton ne bouge:* on commandera enſuite, *à droite & à gauche, formez la colonne ſur le centre;* alors le peloton qui aura été dénommé ne bougera ; tous ceux de ſa droite, viendront par le pas de flanc ſe former en avant de lui, & tous ceux de ſa gauche ſe formeront derrière & ſur la même direction, en ſe conformant de même aux principes ci-deſſus.

Lorſqu'on voudra ſe mettre en colonne ſur la direction du centre, on pourra, pour accélérer le mouvement, faire faire *demi-tour à droite* par file au ſecond bataillon, pour prendre ſes diſtances en arrière par échelon, tandis que le premier bataillon les prendra en avant, après quoi on formera la colonne comme il vient d'être preſcrit ci-deſſus,

avec

avec cette différence, que tous les pelotons feront ſucceſſivement *à gauche.*

Si au lieu de prendre des diſtances pour ſe former en colonne, comme il vient d'être preſcrit, on veut ſe reployer tout de ſuite ſans aucune préparation, on fera l'avertiſſement, *que tel peloton ne bouge;* on commandera enſuite:

1.

A droite ou *à gauche.*

ou

A droite & à gauche.

2.

Par peloton, formez la colonne.

3.

Marche.

Si c'eſt *à droite,* le premier peloton du premier bataillon qui aura été averti, ne bougera; tous les autres pelotons feront *à droite,* & marcheront diagonalement, dégageant leur tête du peloton qui les précèdera, pour ſe porter par le chemin le plus court, derrière & ſur la direction du peloton qui n'aura pas bougé, où en arrivant ils feront ſucceſſivement *halte, face en tête,* & s'aligneront au commandement de leur Officier.

Si on a commandé *à gauche,* les pelotons de la droite ſe porteront en avant du peloton de la gauche; ou ſi l'on a commandé *à droite* & *à gauche,* ceux de la droite ſe porteront en avant & ceux de la gauche en arrière du peloton du centre qui n'aura pas bougé.

ARTICLE 3.

ROMPRE UN RÉGIMENT PAR QUART DE CONVERSION.

SI au lieu de rompre le régiment pour le mettre en colonne en avant, on veut le mettre en colonne pour marcher vers la droite ou vers la gauche, on commandera:

1.

Attention.

2.

Demi-bataillon,
Peloton,
Division,
Quart de rang,
} *quart de converſion à droite* ou *à gauche.*

3.

Marche.

La droite de chaque diviſion quelconque ſoutiendra, & la gauche marchera; ou ſi c'eſt *à gauche*, la gauche ſoutiendra & la droite marchera.

ARTICLE 4.

ROMPRE UN RÉGIMENT SUCCESSIVEMENT.

LORSQU'UN régiment devra ſe rompre par la droite pour marcher vers la gauche, ou par la gauche pour marcher vers la droite, on commandera:

1.

Attention.

2.

Peloton ou *diviſion,* *de droite* ou *de gauche.* } *Rompez en avant pour marcher vers la gauche* ou *vers la droite.*

3.

Marche.

La diviſion de la droite ou de la gauche, par laquelle il aura été ordonné de ſe rompre, marchera en avant, juſqu'à la diſtance qui lui ſera déſignée, & fera enſuite *un quart de converſion à gauche* (ou *à droite,*) pour paſſer devant le front du régiment; lorſque cette première diviſion aura dépaſſé la ſeconde, celle-ci ſe mettra en mouvement au commandement de l'Officier, pour marcher en avant juſqu'à la même hauteur que la première, & faire comme elle *un quart de converſion,* pour prendre rang dans la colonne, & ainſi des autres.

De telle manière dont on rompe un régiment, les

Grenadiers formeront leur diviſion particulière, à la tête de la colonne, ou à la queue, ſi l'on marchoit en colonne renverſée.

CHAPITRE 2.

AUGMENTER ou DIMINUER LE FRONT D'UNE COLONNE.

ARTICLE I.er

DOUBLER LE FRONT.

LORSQU'ON voudra augmenter le front d'une colonne, on commandera :

1.

Attention.

2.

Doublez le front de la colonne.

3.

Marche.

Toutes les diviſions impaires ralentiront leur pas, & toutes les diviſions paires marcheront le pas oblique à gauche, juſqu'à ce qu'elles aient dépaſſé les premières ; après quoi elles ſe porteront en avant, au commandement de l'Officier, pour ſe joindre aux diviſions impaires, & marcher enſuite avec elles ſur le même alignement.

ARTICLE 2.

DÉDOUBLER LE FRONT.

SI l'on veut enſuite diminuer le front de la colonne, on commandera :

1.

Attention.

2.

Dédoublez le front de la colonne.

3.

Marche.

Les divisions impaires qui seront à la droite, continueront de marcher le même pas, & les divisions paires qui auront doublé le front, ralentiront leur pas, jusqu'à ce que le troisième rang des divisions impaires les ait dépassé; alors elles marcheront le pas oblique à droite, pour rentrer dans la colonne, & marcher ensuite en avant au commandement de l'Officier; mais elles ne reprendront le pas ordinaire qu'après avoir pris leur distance.

Cet ordre sera renversé, soit pour doubler, soit pour dédoubler, lorsqu'on marchera par la gauche.

CHAPITRE 3.

CHANGEMENS DE DIRECTION EN COLONNE.

ARTICLE I.er

DIRIGER LA TÊTE D'UNE COLONNE.
À DROITE ou À GAUCHE.

LORSQU'ON voudra diriger une colonne vers la droite ou vers la gauche, on commandera :

1.

Attention.

2.

Tête de la colonne { *à droite* ou *à gauche*, ou *demi à droite* ou *demi à gauche.*

3.

Marche.

La première division de la colonne fera *un quart* ou *un demi-quart de conversion* à droite ou à gauche, & sera suivie par toutes les autres divisions, qui feront successivement leur *quart* ou *demi-quart de conversion* au seul commandement *marche* que leur fera l'Officier, & en se conformant à ce qui est prescrit ci-devant *Titre 10, chapitre 4*, concernant le *quart de conversion en colonne.*

ARTICLE 2.

ARTICLE 2.

MARCHER PAR LE FLANC DE LA COLONNE.

QUAND on voudra porter une colonne tout enſemble vers le flanc droit ou vers le flanc gauche, on commandera :

1.

Attention.

2.

A droite ou *à gauche.*

Toutes les diviſions feront *à droite* ou *à gauche* par homme, & marcheront le *pas de flanc.*

Lorſqu'on voudra reformer la colonne, on commandera:

1.

Attention.

2.

Front.

Toutes les diviſions ayant fait *front*, continueront de marcher en colonne.

ARTICLE 3.

MARCHER EN COLONNE INDIRECTE ou BRISÉE.

SI l'on veut porter la colonne toute enſemble diagonalement vers la droite ou vers la gauche, on fera ſerrer les rangs s'ils ſont ouverts, ou on fera faire *halte*, après quoi on commandera :

1.

Attention.

2.

Diviſion, } *demi-quart de converſion.*
Peloton, } *à droite* ou *à gauche.*

3.

Marche.

Toutes les diviſions de la colonne feront *un demi-quart*

de converſion, après lequel elles ſe porteront directement en avant ; mais ſi l'on avoit fait *halte*, elles ne ſe porteroient enſuite en avant qu'au commandement *marche*.

Lorſque la colonne ſera arrivée dans cet ordre ſur le terrein où on aura voulu la porter, on commandera :

1.

Attention.

2.

Formez la colonne.

3.

Marche.

Chaque diviſion fera un *demi-quart de converſion* pour former la colonne qui ſe portera alors directement en avant.

ARTICLE 4.

DE LA MARCHE DE CONVERSION PAR LE FLANC DE LA COLONNE.

QUAND on voudra changer la direction d'une colonne, marchant en ordre ſerré, ſans que la première troupe dépaſſe le terrein qu'elle occupera, on fera faire *à droite* ou *à gauche*, par homme à toutes les diviſions de la colonne, & enſuite un *quart de converſion*, par toute la colonne, qui ſe trouvera alors marcher par ſon flanc ; dès qu'en marchant ainſi, elle ſera arrivée ſur le point déterminé, on commandera *halte, front aligné*, pour enſuite ſe porter en avant, ou ſe former en bataille.

CHAPITRE 4.

DES DIFFÉRENTES MANIÈRES DE DÉPLOYER UNE COLONNE POUR LA FORMER EN BATAILLE.

LORSQU'UN régiment marchera en colonne à diſtances ouvertes, & qu'on voudra le former en bataille, en tel ſens que ce ſoit, on ſe conformera à ce qui ſuit :

ARTICLE 1.er

SE FORMER EN BATAILLE EN AVANT.

On commandera :

1.

Attention.

2.

En bataille en avant.

3.

Marche.

La première division se portera trois pas en avant, fera *halte*, & s'alignera vivement; les autres divisions feront en même temps un *demi-quart de conversion à gauche*, pour se porter en avant & se former successivement à la gauche les unes des autres sur l'alignement de la première, & s'aligner au commandement qui leur en sera fait.

ARTICLE 2.

AUTRE MANIÈRE DE SE FORMER EN AVANT.

LORSQUE le terrein ne permettra pas de se former en bataille, comme il vient d'être prescrit, on fera serrer toutes les divisions l'une sur l'autre pour former la colonne en masse; on commandera ensuite :

1.

Attention.

2.

à gauche, ou *à droite*, *en bataille en avant.*

3.

Marche.

Si c'est à gauche, la première division fera *halte*, & toutes les autres feront *à gauche* par homme, pour marcher le pas de flanc, se dirigeant tout de suite en diagonale sur le terrein qu'elles devront occuper; à mesure que la tête de chaque division arrivera sur l'alignement de la première, l'Officier commandera *halte, front aligné,* & la diviſion ayant fait front s'alignera vivement.

Si l'on marchoit en colonne renverſée, on exécuteroit les mouvemens contraires pour ſe déployer de *gauche à droite.*

ARTICLE 3.

SE FORMER PAR LE CENTRE
SUR L'ALIGNEMENT DE LA TÊTE DE LA COLONNE.

QUAND on voudra ſe déployer par les ailes, on fera ſerrer la colonne en maſſe, & on commandera :

1.

Attention.

2.

Que la tête du ſecond bataillon ſuive ſa direction.

3.

A droite & à gauche en bataille en avant.

4.

Marche.

A ce commandement, toutes les diviſions du premier bataillon feront *à droite,* & marcheront le pas de flanc, dès que le front de la diviſion qui n'aura point bougé, ſera dégagé, celle-ci ſe portera en avant au pas lent ; la dernière diviſion du premier bataillon fera *front* dès qu'elle aura démaſqué celle qui la ſuivoit, pour enſuite marcher en avant avec elle, & ainſi ſucceſſivement de toutes les autres diviſions du premier bataillon, qui feront *front* après avoir démaſqué celle de leur droite, s'alignant ſucceſſivement ſur les diviſions qui feront *front* les dernières, & faiſant *halte,* dès que la première diviſion du premier bataillon aura fait *front ;* pendant ce temps les autres diviſions de la queue de la colonne feront *à gauche,* & iront par le pas de flanc ſe former légèrement & ſucceſſivement à la gauche & ſur l'alignement de la première diviſion du ſecond bataillon qui n'aura point changé ſa direction.

On pourra ſe former ſur telle diviſion de la colonne que

que l'on voudra, relativement au terrein qu'il ſera néceſſaire d'occuper.

ARTICLE 4.

SE FORMER DE PIED-FERME SUR L'ALIGNEMENT DE L'UNE DES DIVISIONS DE LA COLONNE.

LORSQU'ON voudra ſe déployer de pied-ferme ſur l'alignement de telle diviſion de la colonne qu'on jugera à propos, après avoir fait ſerrer la colonne en maſſe & lui avoir fait faire *halte*, on commandera :

1.

Attention.

2.

Que la tête du ſecond bataillon ou *que tel peloton* ou *diviſion ne bouge.*

3.

A droite & à gauche en bataille.

4.

Marche.

A ce commandement, la diviſion qui aura été dénommée, ne bougera, toutes celles qui la précèderont feront *à droite* pour marcher le pas de flanc, ſe dirigeant en diagonale ſur l'alignement de la diviſion qui n'aura pas bougé ; & à meſure qu'elles y arriveront elles feront ſucceſſivement un ſecond *à droite* pour s'y aligner, après quoi elles ſe remettront *face en tête* par un *demi-tour à droite.*

Toutes les diviſions qui ſeront derrière celle qui n'aura pas bougé, feront *à gauche* pour marcher le pas de flanc & ſe former ſucceſſivement par un *à droite* ſur ſon alignement.

ARTICLE 5.

SE FORMER PAR QUART DE CONVERSION.

LORSQU'EN marchant à diſtances ouvertes, on voudra ſe former par un *quart de converſion*, on commandera :

1.

Attention.

2.

Quart de converſion { *à gauche,* / ou / *à droite,* } *en bataille.*

3.

Marche.

La droite ou la gauche de chaque diviſion marchera, tandis que la gauche ou la droite ſoutiendra, & toutes les diviſions s'aligneront au commandement qui en ſera fait.

Si la nature du terrein obligeoit à exécuter cette converſion ſur le centre, le demi-rang de la gauche ou de la droite de chaque diviſion, feroit ſon *quart de converſion* en reculant, & l'autre en avançant.

ARTICLE 6.

SE FORMER SUCCESSIVEMENT SUR LA DROITE.

LORSQU'ON voudra former le régiment en bataille ſur la droite, ſans rien changer à ſon ordre naturel, on commandera :

1.

Attention.

2.

En bataille ſur la droite.

3.

Marche.

La première diviſion de la colonne fera un *quart de converſion à droite*, marchera ſix pas en avant & fera *halte,* la ſeconde diviſion continuera de marcher en avant, & dès qu'elle ſera arrivée à hauteur de la gauche de la première, elle fera de même un *quart de converſion à droite* au commandement de l'Officier, & marchera enſuite en avant pour aller ſe former à la gauche de la première diviſion, ſur laquelle elle s'alignera, ce qui sera répété successivement par toutes les autres divisions de la colonne.

Lorsqu'on marchera en colonne renversée, on se formera sur la gauche en suivant les mêmes règles qui viennent d'être indiquées pour se former sur la droite.

ARTICLE 7.

SE FORMER OBLIQUEMENT EN AVANT.

QUAND on voudra former le régiment obliquement en bataille, par rapport à la direction qu'il aura étant en colonne, on commandera :

1.

Attention.

2.

demi à gauche ou *demi à droite.* } *en bataille en avant.*

3.

Marche.

Toutes les divisions de la colonne feront un *demi-quart de conversion à gauche* (ou *à droite*), après lequel la première division fera *halte*, & toutes les autres divisions se porteront ensuite en avant sur son alignement.

ARTICLE 8.

SE FORMER OBLIQUEMENT SUR L'ALIGNEMENT DE L'UNE DES DIVISIONS DE LA COLONNE.

LORSQU'ON voudra se former obliquement de pied-ferme sur l'alignement de l'une des divisions de la colonne, après avoir fait faire à chaque division un *demi-quart de conversion à gauche*, on commandera :

1.

Attention pour vous mettre en bataille sur le centre.

2.

Que tel peloton (ou division) ne bouge.

3.

Premiers pelotons (ou divisions) demi-tour à droite, en bataille en avant.

4.

Marche.

La division qui aura été dénommée, ne bougera : toutes celles qui seront en avant d'elle, après avoir fait *demi-tour à droite,* se porteront en avant sur son alignement, où en arrivant successivement, elles feront *face en tête* par un second *demi-tour à droite.*

Toutes les divisions qui seront en arrière de celle qui n'aura pas bougé, se porteront en même temps en avant, pour se former successivement à sa gauche & sur le même alignement.

ARTICLE 9.

SE FORMER EN BATAILLE EN ARRIÈRE.

QUAND un régiment sera en colonne, & qu'il sera nécessaire de le former en bataille en arrière, on fera les commandemens suivans.

1.

Attention.

2.

En bataille en arrière.

3.

Marche.

La dernière division de la colonne, fera une *demi-conversion à gauche,* se portera quatre pas en avant, & fera *halte;* les autres divisions feront en même temps chacune un *quart & demi de conversion à gauche,* pour revenir diagonalement se former successivement à la droite les unes des autres, se conformant d'ailleurs à ce qui a déjà été prescrit ci-devant pour former un régiment en bataille en avant.

Dans le cas où le régiment marcheroit en colonne renversée, & que la première division auroit la queue de la colonne, on exécuteroit cette manœuvre par des mouvemens contraires, puisqu'alors les divisions qui auroient la tête

tête de la colonne, devroient se porter vers leur droite pour former le régiment dans son ordre naturel.

Lorsqu'on aura à se mettre en bataille sur un terrein plus reculé que celui-qu'on occupera en colonne, on fera faire une *demi-conversion* à chaque division de la colonne, pour se porter sur le terrein qu'on voudra occuper, & se mettre ensuite en bataille en avant.

CHAPITRE 5.

DES CHANGEMENS DE FRONT.

POUR changer le front d'un régiment en bataille, on se conformera à ce qui suit.

ARTICLE I.er

CHANGER LE FRONT SUR LA DROITE ou *SUR LA GAUCHE.*

ON commandera:

1.

Attention.

2.

Peloton, / *Division,* } *quart de conversion à droite (*ou *à gauche) en bataille en avant.*

3.

Marche.

Si c'est *à droite,* la première division fera un *quart de conversion à droite,* & fera *halte :* les autres divisions feront en même temps un *demi-quart de conversion à droite,* pour se porter en avant, & se former successivement sur l'alignement de la première division.

Si c'est *à gauche,* on se conformera au même principe par des mouvemens contraires.

ARTICLE 2.

CHANGER LE FRONT OBLIQUEMENT SUR LA DROITE ou SUR LA GAUCHE.

Si au lieu de faire entièrement *face* à l'un des flancs, on ne veut y faire *face* qu'obliquement, on commandera:

1.

Attention.

2.

Peloton, / *Division,* } *demi-quart de conversion à droite (* ou *à gauche) en bataille en avant.*

3.

Marche.

Toutes les divisions feront un *demi-quart de conversion à droite* ou *à gauche*, après lequel la division de la tête fera *halte*, & toutes les autres divisions se porteront ensuite en avant sur son alignement.

Dans le cas où il seroit nécessaire de changer de front sans rompre l'ordre de bataille, on feroit faire à toute la ligne une *portion de conversion*, pour avancer la droite ou la gauche sur le point déterminé.

ARTICLE 3.

RECULER L'UNE DES AILES.

POUR reculer l'une des ailes, on fera faire *demi-tour à droite* par homme; ce qui étant exécuté, on fera les mêmes commandemens que ci-dessus, après quoi on commandera *front.*

ARTICLE 4.

CHANGER DE FRONT SUR LE CENTRE.

LORSQU'ON voudra changer de front sur le centre, on commandera:

1.

Attention.

2.

Bataillon, ou *demi-bataillon*,	*de droite*, ou *de gauche*,	*demi-tour à droite.*

3.

Division, ou *Peloton*,	*quart de conversion*, ou *demi-quart de conversion*, *à droite*, ou *à gauche*,	*en bataille en avant.*

4.

Marche.

Au deuxième commandement, le bataillon *ou* demi-bataillon de la droite *ou* de la gauche, fera *demi-tour à droite* par homme.

Au quatrième commandement, les deux divisions ou pelotons du centre feront un *quart* ou *demi-quart de conversion*, après lequel elles feront *halte*, & s'aligneront l'une sur l'autre : toutes les autres divisions ou pelotons feront en même temps un *demi-quart de conversion*, pour se porter ensuite en avant & se former successivement à côté les unes des autres, sur l'alignement des deux divisions du centre, où en arrivant, l'Officier de chacune des divisions qui aura fait *demi-tour à droite*, commandera *halte*, *front aligné.*

CHAPITRE 6.

CHANGEMENS DE POSITION.

QUAND on voudra changer la position d'un régiment en bataille, & le porter diagonalement ensemble vers la droite ou vers la gauche, on commandera :

1.

Attention.

2.

Division, *Peloton*, *&c.*	*demi-quart de conversion à droite* ou *à gauche.*

3.

Marche.

Chaque division exécutera le *demi-quart de conversion*, s'il a été commencé de pied-ferme, le Commandant ſera une ſeconde fois, le commandement *marche*, alors toute la ligne marchera diagonalement en avant, en ordre de bataille indirecte ou briſé, juſque ſur le terrein où on voudra la porter, après quoi on commandera :

1.

Attention.

2.

Demi-quart de converſion en bataille.

3.

Marche.

Chaque diviſion ſe remettra en bataille, faiſant *face en tête par un demi-quart de converſion.*

CHAPITRE 7.

DE L'ORDRE OBLIQUE PAR ÉCHELONS.

LORSQU'ÉTANT en bataille, on voudra diſpoſer chaque diviſion quelconque, en avant l'une de l'autre, par échelons en ordre oblique, on fera les commandemens ſuivans :

1.

Attention.

2.

Diviſion, Peloton, &c. } *par échelons, formez l'ordre oblique.*

3.

Marche.

Au troiſième commandement, les Grenadiers ſe porteront directement en avant; la première diviſion ou le premier peloton du premier bataillon, ſe mettra en mouvement pour marcher auſſi directement en avant, dès que les Grenadiers l'auront dépaſſé d'un tiers de diſtance environ : la ſeconde diviſion quelconque obſervera la même règle par rapport à la première, & ainſi des autres qui ſe mettront ſucceſſivement en mouvement.

On

On fera le commandement *halte*, ſi on le juge à propos, au moment où la dernière diviſion devra ſe porter en avant.

Si on vouloit former l'ordre oblique en avant de la gauche, on en feroit mention dans le commandement, & l'on exécuteroit par la gauche ce qui vient d'être preſcrit par la droite.

Lorſqu'en marchant en colonne, on voudra former l'ordre oblique, on ne fera obſerver qu'un tiers de diſtance environ entre les diviſions, après quoi on commandera :

1.

Attention.

2.

Sur la gauche, ou *ſur la droite,* } *par échelons, formez l'ordre oblique.*

3.

Marche.

Si c'eſt ſur la gauche, la première diviſion de la colonne continuera de marcher directement en avant, & toutes les autres diviſions ſe porteront à gauche par le pas oblique, pour dégager leur front de la diviſion qui les précèdera, & marcher enſuite directement en avant.

Lorſqu'on voudra exécuter cette manœuvre, de pied-ferme, la première diviſion de la colonne ne bougera; toutes les autres diviſions feront *à gauche*, pour marcher le *pas de flanc*, & à meſure qu'elles dépaſſeront celle de leur droite, elles feront ſucceſſivement *halte*, *front* par un *à droite*, & s'aligneront.

Si on doit former l'ordre oblique ſur la droite, on exécutera les mouvemens contraires.

Cet ordre ou diſpoſition eſt ſuſceptible de pluſieurs avantages : 1.° celui de refuſer une aile, en formant une attaque de l'aile oppoſée ; 2.° de prendre l'ennemi en *flanc*, en ſe formant en bataille par un *demi-quart de converſion* par diviſion, ſur le terrein qu'on occupera alors ; 3.° de faire ſucceſſivement *feu*, en reployant une troupe ſur l'autre, pour reformer l'ordre de bataille en retraite; 4.° d'être préparatoire pour ſe mettre en bataille en avant; 5.° enfin celui de ſe remettre en colonne, ſuivant que les circonſtances peuvent l'exiger.

CHAPITRE 8.

DE L'ORDRE ANGULAIRE PAR ÉCHELONS.

LORSQU'ON voudra ſe former par échelon en avant du centre, ſoit pour former une attaque par le centre, ou pour refuſer la droite & la gauche, on commandera:

1.

Attention.

2.

Diviſion, Peloton, &c. } *par échelon, formez l'angle en avant.*

3.

Marche.

A ce commandement, la diviſion ou peloton de la gauche du premier bataillon, & la diviſion de la droite du ſecond bataillon, ſe porteront en avant, ſe joignant par le pas oblique pour former enſemble la tête de l'angle, tandis que les Grenadiers feront un *demi-quart de converſion à gauche*, pour ſe porter vivement en avant du centre, & former le ſommet de l'angle.

Dès que les deux diviſions du centre ſe ſeront portées en avant, & que leur dernier rang aura dépaſſé de deux pas environ l'alignement du régiment, la diviſion de la gauche du premier bataillon, & celle de la droite du ſecond bataillon, ſe porteront en avant, marchant quelques pas obliques, pour mettre leur file intérieure vis-à-vis des files extérieures des diviſions qui les précèderont, & marcheront alors directement en avant; obſervant un tiers de diſtance de la file d'une diviſion à la file de la diviſion qui précèdera.

Les autres diviſions de chaque bataillon exécuteront ſucceſſivement la même manœuvre, en obſervant la même règle par rapport aux diviſions qui les précèderont; au moyen de quoi, le premier bataillon ſe trouvera formé en ordre oblique par la gauche; & le ſecond bataillon en ordre oblique par la droite.

Lorſqu'en marchant dans cet ordre, on voudra faire *feu*, les deux troupes qui compoſeront l'angle, feront *haut les armes*, les Grenadiers préſentant la baïonnette en avant pour charger à l'arme blanche, tandis que les diviſions des ailes feront en marchant, le *feu de diviſion*; dans ce cas elles ſe porteront en avant pour dépaſſer de ſix pas la diviſion qui précèdera, & reprendront enſuite leur place.

L'ordre angulaire ſera ſuſceptible d'être changé très-vivement, ſuivant que les circonſtances pourront l'exiger; ſi l'on veut former la colonne, au commandement, *formez la colonne centrale*, toutes les diviſions du premier bataillon qui ſe trouveront à la droite, feront *à gauche*, & toutes celles du ſecond bataillon feront *à droite*, pour marcher toutes le *pas de flanc*, & ſe réunir vers le centre, où en arrivant elle feront *halte*, *face en tête*, & s'aligneront au commandement de l'Officier.

Si on veut former la colonne en marchant, toutes les diviſions ſe réuniront par le *pas oblique*.

On pourra de même former l'ordre angulaire lorſqu'on marchera en colonne centrale; on exécutera pour cet effet les mouvemens contraires à ceux qui viennent d'être preſcrits pour ſe mettre en colonne.

Si, au lieu de changer l'ordre angulaire en colonne, on veut ſe mettre en bataille en ligne, au commandement *en bataille en avant*, les Grenadiers iront occuper leur place ordinaire à la droite du premier bataillon, & la première troupe s'ouvrira de droite & de gauche au commandement de l'Officier, pour obſerver l'intervalle des bataillons, ſi on le juge néceſſaire.

Pendant ce temps, toutes les autres diviſions ſe porteront en avant, pour aller par le chemin le plus court, ſe former vers les ailes ſur l'alignement du centre.

Si, au lieu de ſe former en bataille en avant, on veut ſe former en retraite, on commandera *en bataille en retraite*; alors les Grenadiers & la première troupe qui compoſeront la tête de l'angle, feront *demi-tour à droite*, pour ſe porter ſur les derrières; & à meſure qu'ils arriveront à hauteur des diviſions qui feront vers les ailes, celles-ci feront *feu*, s'il eſt ordonné, & enſuite *demi-tour à droite*, pour ſe réunir & ſe former aux ailes des diviſions du centre qui marcheront en retraite, leſquelles continueront leur feu en marchant, à moins d'un ordre contraire.

Les autres diviſions exécuteront ſucceſſivement leur feu

à meſure que celles qui les précèderont, les auront dépaſſées en marchant en retraite, & iront enſuite les joindre dans le même ordre qu'il vient d'être preſcrit.

Toutes les diviſions étant réunies, & marchant en bataille en retraite, feront *halte* & *front* au commandement qui en ſera fait; alors les Grenadiers iront occuper leur place à la droite du premier bataillon.

CHAPITRE 9.

DE LA COLONNE CENTRALE.

ON formera la colonne centrale, en diſpoſant d'abord le régiment en ordre angulaire, comme il eſt preſcrit ci-devant, & faiſant marcher enſuite le *pas de flanc* à tous les pelotons ou diviſions, pour ſe réunir vers le centre.

Si, pour plus de célérité, on veut la former ſans aucune préparation, après avoir fait l'avertiſſement, *que tel peloton* ou *diviſion ne bouge*, on commandera *à droite & à gauche*, & enſuite *par peloton* ou *diviſion*, *formez la colonne centrale*, *marche;* alors le premier bataillon ayant fait *à gauche*, ſe formera par peloton ou diviſion derrière ſa gauche, & le deuxième bataillon ayant fait *à droite*, ſe formera de même derrière ſa droite, ainſi qu'il eſt expliqué au *Titre 12*, *chapitre 1er*, *article 2*.

Si au contraire, on veut la former par quart de converſion, on commandera :

1.

Attention.

2.

Diviſion, ou *Peloton*, } *par quart de converſion*, *formez la colonne centrale.*

3.

Marche.

La diviſion de la gauche du premier bataillon & la diviſion de la droite du ſecond bataillon, marcheront en avant, ſe joignant par le pas oblique pour former la tête de la colonne; toutes les autres diviſions du premier bataillon, feront un *quart de converſion à gauche* (à l'exception de la

compagnie

compagnies de Grenadiers, qui ne fera qu'un *demi-quart de conversion à gauche)*, & toutes celles du second bataillon, feront un *quart de conversion à droite*, pour marcher vers le centre, où elles se réuniront successivement par un *second quart de conversion*, pour suivre les premières & former la colonne, tandis que la compagnie de Grenadiers marchera vivement en avant vers le centre, pour prendre la tête de la colonne.

Les Tambours se placeront à la queue de la colonne, & il en sera détaché deux, pour aller l'un sur le flanc droit, & l'autre sur le flanc gauche de la colonne, à hauteur du premier rang.

Le Colonel & le Colonel - commandant se placeront à la tête de la colonne, le Lieutenant - colonel sur le flanc gauche, à hauteur du centre, le Major sur le flanc droit à hauteur de la première division, & les Officiers-majors chacun sur un flanc ; tous les autres Officiers resteront à leur place ordinaire dans la colonne.

Cette colonne se formera au pas ordinaire ou au pas redoublé, les divisions serrées en masse, ou observant leur distance, comme on le jugera à propos ; si les divisions doivent être serrées, elles observeront entr'elles un pas de distance, les Officiers & les serre-files se plaçant sur les ailes.

Toutes les fois que le commandement *marche* ne sera précédé d'aucun avertissement, la colonne marchera en tête le pas ordinaire.

Lorsqu'on voudra faire marcher la colonne vers l'un des flancs ou en retraite, on commandera, par un *à droite*, ou par un *à gauche*, ou par un *demi-tour à droite*, *marche*.

De quelque côté que la colonne ait marché, elle fera toujours *face en tête* au commandement *halte*, à moins que le contraire ne soit ordonné.

Lorsque la colonne sera serrée, & qu'on fera le commandement *face en dehors*, les Grenadiers de la tête resteront *face en tête*, tout le flanc droit de la colonne fera *à droite*, tout le flanc gauche *à gauche*, & la division de la queue *demi-tour à droite :* dans ce seul cas, les Officiers & les Sergens qui se trouveront sur les flancs, se placeront derrière leur peloton ou division, dans le rang de leur serre-file, à l'exception du Commandant de chaque division, qui se mettra dans le premier rang.

Quand on voudra déployer la colonne centrale & la mettre en bataille, on pourra le faire des deux manières suivantes :

PREMIÈRE MANIÈRE.

Les divisions étant serrées, on commandera :

1.

Attention.

2.

A droite & à gauche en bataille.

3.

Marche.

A ce commandement, le bataillon de la droite fera *à droite*, celui de la gauche fera *à gauche*, & marcheront par leur flanc; dès que la division de la gauche du premier bataillon & celle de la droite du second, auront laissé l'intervalle prescrit d'un bataillon à l'autre, les Commandans de ces deux divisions, leur commanderont *halte* pour s'arrêter, *front* pour faire face en tête, & *alignez* pour s'aligner; la compagnie de Grenadiers fera *à droite*, & marchera vivement en même temps que le bataillon de la droite, pour reprendre son poste à la droite; quand elle aura dépassé la première division, elle fera *halte*, *front*, & s'alignera avec les bataillons, par le *pas en arrière*. Toutes les autres divisions, ainsi que les Tambours, suivront les mêmes mouvemens de leur bataillon, ayant attention de se porter un peu obliquement vers le côté où elles devront se mettre successivement en bataille, & marchant près les unes des autres.

Dans le cas où l'on voudroit se former en bataille au sortir & près d'un défilé après l'avoir passé, & que le terrein ne permettroit pas aux dernières divisions de la colonne de se déployer par le flanc en même temps que les premières; elles se porteroient alors en avant sur le terrein où les premières se seroient déployées pour exécuter successivement la même manœuvre.

SECONDE MANIÈRE.

Les diviſions ayant leur diſtance dans la colonne, on commandera :

1.

Attention.

2.

En bataille en avant.

3.

Marche.

A ce commandement, toutes les diviſions de la droite feront un *demi-quart de converſion à droite,* toutes les diviſions de la gauche feront un *demi-quart de converſion à gauche* (à l'exception de celles qui auront la tête de la colonne), & la compagnie de Grenadiers fera *à droite;* après quoi toutes les diviſions & la compagnie de Grenadiers ſe mettront en marche pour ſuivre la direction, où elles feront *face,* & iront ſe former ſur la droite & ſur la gauche des deux diviſions du centre qui n'auront pas bougé ; & à meſure qu'elles arriveront ſur le terrein, le Commandant de chaque diviſion commandera *halte, alignez,* & ira prendre ſon poſte dans le rang.

L'Officier de la diviſion de la gauche du premier bataillon aura attention de laiſſer l'intervalle preſcrit entre lui & la première diviſion du ſecond bataillon, ſur lequel les deux bataillons devront s'aligner.

CHAPITRE 10.

DE LA COLONNE DE RETRAITE.

ON pourra former la colonne de retraite en diſpoſant d'abord le régiment en ordre angulaire, pour enſuite former la colonne centrale, comme il a été preſcrit ci-devant ; cette manière pourra être avantageuſe, en ce qu'elle ne donnera point à ſoupçonner le deſſein que l'on aura de ſe retirer.

Si au contraire on veut la former ſucceſſivement en ſe

rompant en arrière par les ailes, on fera les commandemens ſuivans :

1.

Attention.

2.

Diviſion, ou *Peloton,* } *formez la colonne de retraite.*

3.

Marche.

A ce commandement, la diviſion de la droite du premier bataillon, & celle de la gauche du ſecond bataillon, feront *ſix pas en arrière ;* après quoi ces deux diviſions feront l'une *à droite,* l'autre *à gauche,* pour ſe faire face & marcher enſuite le *pas de flanc,* longeant derrière leur bataillon juſque vers le centre, où elles ſe réuniront, puis faiſant l'une *à gauche* & l'autre *à droite,* elles marcheront ſur les derrières, formant la tête de colonne.

Lorſque ces deux diviſions en longeant derrière leur bataillon, commenceront à dépaſſer les diviſions des ailes, celles-ci marcheront de même *ſix pas en arrière,* feront *à droite* & *à gauche,* marcheront vers le centre, s'y réuniront, feront *à gauche* & *à droite,* pour prendre leur rang dans la colonne, & ſuivre la première troupe, ce qui ſera répété ſucceſſivement par toutes les autres diviſions des deux bataillons.

A meſure que les diviſions ſe retireront, les Grenadiers ſe reſſerreront par le *pas de flanc* vers le centre, pour appuyer aux diviſions qui n'auront pas encore commencé leur mouvement, & ſe remettront chaque fois *face en tête,* ils feront enſuite *demi-tour à droite* pour marcher à la queue de la colonne.

Les Tambours feront *à gauche* & *à droite* en même temps que la première diviſion du premier bataillon, & que la diviſion de la gauche du ſecond bataillon, pour aller ſe réunir derrière le centre des deux bataillons, & précéder immédiatement cette première diviſion dans la colonne.

Les Officiers, les Fourriers, les Sergens & les Tambours, occuperont dans la colonne de retraite les mêmes poſtes que dans la colonne centrale : les diviſions y prendront entr'elles entr'elles les mêmes diſtances, & elles ſeront ſuſceptibles des mêmes manœuvres & des mêmes marches.

Quand on voudra former la colonne de retraite en bataille, on ferra ſerrer les diviſions, ſi elles ne le ſont pas déjà, & on commandera enſuite :

1.

Attention.

2.

Tête de la colonne, à droite & à gauche, en bataille.

3.

Marche.

A ce commandement, la première diviſion du premier bataillon fera *à gauche*, & la huitième diviſion du ſecond bataillon fera *à droite* pour marcher vers les flancs.

Toutes les autres diviſions continueront de marcher en avant, & à meſure qu'elles arriveront ſur le terrein où les premières auront longé de droite & de gauche, elles exécuteront la même manœuvre pour les ſuivre ; la compagnie de Grenadiers fera *à gauche* pour aller occuper la droite du premier bataillon.

Dès que les dernières diviſions auront fait *à droite* & *à gauche*, & qu'il y aura la diſtance néceſſaire entre les deux bataillons, toutes les diviſions feront *face en tête*, & s'aligneront au commandement qui en ſera fait.

Dans le cas où il ſeroit néceſſaire de ſe mettre en bataille en avant, on feroit faire *face en tête* par un *demi-tour à droite;* après quoi toutes les diviſions ſe formeroient en bataille au commandement qui en ſeroit fait, & de la même manière qu'il eſt preſcrit ci-devant pour former la colonne centrale en bataille en avant.

TITRE 13.

De l'Exercice à Feu.

CHAPITRE 1.er

RÈGLES À OBSERVER POUR L'EXÉCUTION DES FEUX.

PENDANT l'exécution des feux, la troupe gardera le plus profond silence, les Officiers, les Fourriers & les Sergens porteront leur arme, & ils auront continuellement les yeux sur leurs Soldats sans leur parler pour les reprendre, ni quitter leur poste.

Les Commandans des pelotons ou autres divisions, feront leur commandement d'un ton ferme & bref, & leurs divisions les exécuteront immédiatement après; mais les Officiers auront attention à ne faire le commandement *feu,* qu'après avoir examiné si le Soldat est ferme dans sa position, & s'il ajuste bien.

Les rangs & les files ne seront pas trop serrés pendant l'exécution des feux, afin que les Soldats puissent charger librement.

Toutes les fois qu'un régiment devra faire *feu en bataille,* on l'exercera à tirer de pied-ferme, & en marchant, soit par division, peloton, demi-bataillon ou bataillon.

Les Soldats chargeront leur arme avant de commencer l'exercice à feu, & pour cet effet, on fera les commandemens prescrits pour charger les armes.

Lorsque tout le régiment devra tirer, le Commandant fera les commandemens, si ce doit être par peloton: il avertira de l'espèce de feu qui devra être exécuté, & le Commandant de chaque peloton en fera le commandement à sa compagnie.

Aussitôt que les Soldats auront fait *feu,* ils rechargeront vivement leur arme, & on punira ceux qui ne feroient que ſemblant de charger, ou qui jetteroient leurs cartouches.

Quand le Soldat aura été averti qu'il ne doit plus charger après avoir tiré, & qu'il ſera remis dans la poſition preſcrite (au maniement des armes après avoir fait *feu*) il mettra le chien en ſon repos, fermera le baſſinet, après quoi il portera ſon fuſil en deux temps :

Au premier, il élèvera le fuſil pour le tenir perpendiculaire vis-à-vis l'épaule gauche, le ſoutenant de la main gauche ſous la croſſe.

Au deuxième, il achèvera de le porter, & s'alignera auſſitôt.

CHAPITRE 2.

COMMANDEMENS, DONT ON SE SERVIRA DANS TOUS LES FEUX.

1.

Diviſion, *peloton* ou *demi-bataillon*, *de droite* ou *de gauche.*

Ce commandemet ne ſervira que d'avertiſſement, pour que tous les Soldats qui devront tirer, regardent à droite ou à gauche, & ſe tiennent prêts à exécuter les commandemens ſuivans :

2.

Apprêtez vos armes.

3.

En joue.

4.

Feu.

Ces commandemens s'exécuteront ainſi qu'il eſt preſcrit au *Maniement des armes ;* après quoi le Soldat rechargera ſon fuſil & le portera à l'épaule.

Les Officiers qui commanderont, mettront le même intervalle & le même ton à leur commandement.

On fera cesser tous les feux par un roulement, & les Officiers commandant lesdits feux, feront porter les armes à leur troupe, quand même elle auroit mis en joue, & ils rentreront ensuite dans le rang.

CHAPITRE 3.

DE L'EXÉCUTION DES DIFFÉRENS FEUX DE PIED-FERME.

POUR faire *feu* par divisions, le Commandant du régiment fera l'avertissement suivant :

Divisions, prenez garde à vous pour faire feu.

A cet avertissement, le Commandant de chaque division des Grenadiers & des Fusiliers, portera le pied droit à douze pouces en avant, en faisant *à gauche* sur le talon gauche, à l'exception de l'Officier de la gauche de la compagnie de Grenadiers, & celui de la gauche de chaque bataillon, qui fera *à droite,* en portant de même le pied gauche à douze pouces en avant, & tournant sur le talon droit; l'Officier de la première division du premier peloton, fera aussitôt à sa division l'avertissement *division,* & ensuite les commandemens, *apprêtez vos armes, en joue, feu.*

Quand cette division apprêtera ses armes, l'Officier de la seconde division du quatrième peloton, fera à sa division les mêmes commandemens.

Lorsque la première division fera *feu,* le Commandant de la seconde division du premier peloton, fera l'avertissement *division,* & ensuite les autres commandemens.

L'Officier de la première division du quatrième peloton, en fera de même quand sa seconde division fera *feu,* & ainsi alternativement jusque vers le centre.

Lorsque la première division du quatrième peloton aura fait *feu,* le Commandant de la première division de la compagnie de Grenadiers, fera les mêmes commandemens à sa division pour faire *feu,* & la seconde division ne tirera qu'après que tout le bataillon aura fait *feu.*

S'il n'y a pas eu de roulement pendant le feu, l'Officier de la première division du premier peloton fera l'avertissement *division,* lorsque la seconde division de la compagnie de Grenadiers de Grenadiers fera *feu*, pour recommencer le feu par la droite & le continuer, ainsi qu'il vient d'être prescrit.

POUR FAIRE FEU PAR PELOTONS.

Le Commandant du régiment fera l'avertissement:

Pelotons, prenez garde à vous, pour faire feu.

A cet avertissement, le Commandant de chaque peloton fera un pas en avant, puis à gauche; les Sous-lieutenans feront en même temps un pas en arrière pour s'aligner sur le second rang; les Sergens qui seront derrière eux, feront aussi un pas en arrière, & dès que les feux cesseront, ils reprendront leur place, ce qui se pratiquera de même dans tous les feux.

Le Commandant du premier peloton, fera aussitôt l'avertissement *peloton*, & ensuite les commandemens *apprêtez vos armes, en joue, feu.*

Un temps après que le premier peloton aura fait *feu*, le Commandant du quatrième peloton, fera l'avertissement *peloton*, & ensuite les autres commandemens.

Le Commandant du second peloton en fera de même, après que le quatrième peloton aura fait *feu*, & successivement le Commandant du troisième peloton & celui de la compagnie de Grenadiers, qui fera le commandement *peloton*, dès que tout le bataillon aura fait *feu*.

Le premier peloton recommencera son feu, un temps après que la compagnie de Grenadiers aura exécuté le sien, ce qui sera continué jusqu'à ce qu'il soit fait un roulement.

POUR FAIRE FEU PAR DEMI-BATAILLON.

Le Commandant fera l'avertissement:

Demi-bataillon, prenez garde à vous pour faire feu.

A cet avertissement, le Commandant du demi-bataillon de la droite se portera deux pas en avant, & fera les commandemens qui viennent d'être prescrits pour faire *feu*.

Lorsque le demi-bataillon de la droite qui aura fait *feu*, aura mis la cartouche dans le canon, le Commandant du demi-bataillon de la gauche fera à ce demi-bataillon, les commandemens prefcrits pour faire *feu.*

La compagnie de Grenadiers fera *feu* après que le demi-bataillon de la gauche aura tiré, en obfervant le même intervalle.

POUR FAIRE FEU PAR BATAILLON.

Le Commandant du régiment fera l'avertiffement:

Bataillon, prenez garde à vous pour faire feu.

Le feu commencera par le premier bataillon, & enfuite le fecond.

Lorfqu'on voudra faire *feu* en fe formant en bataille, ou en changeant de front, la première troupe qui arrivera, commencera fon feu, celle qui arrivera enfuite, exécutera le fien, & fucceffivement toutes les autres, à mefure qu'elles arriveront.

CHAPITRE 4.

POUR FAIRE FEU EN ARRIÈRE.

Le Commandant du régiment fera les commandemens fuivans:

1.

Prenez garde à vous pour faire feu en arrière.

2.

Demi-tour à droite, formez le bataillon.

Au deuxième commandement, chaque bataillon fera *demi-tour à droite*, à l'exception des Officiers & Fourriers de ferre-file: les Officiers du premier rang pafferont au troifième, devenu le premier; les Sergens qui étoient derrière eux, les remplaçant, les Officiers & Fourriers de ferre-file pafferont de même par les files des Officiers, pour fe placer en ferre-file derrière le premier rang, devenu le dernier, & les Tambours iront légèrement fe placer derrière l'intervalle des bataillons.

On exécutera en arrière les mêmes feux qui viennent d'être prefcrits ci-deffus.

Lorſqu'après cette manœuvre, on voudra remettre les bataillons, on commandera :

1.

Prenez garde à vous pour remettre le bataillon.

2.

Front.

Ces commandemens s'exécuteront comme les deux précédens.

CHAPITRE 5.

DE L'EXÉCUTION DES FEUX

EN MARCHANT EN BATAILLE EN AVANT OU *EN RETRAITE.*

LE Commandant fera marcher le *pas lent;* après quoi, s'il veut faire exécuter le *feu* par peloton, il fera l'avertiſſement :

Peloton, prenez garde à vous pour faire feu.

A cet avertiſſement, le régiment continuera de marcher le même pas, & le Commandant du premier peloton, après avoir fait à ſa troupe l'avertiſſement *peloton*, il lui fera le commandement *marche, marche*, ou par abréviation *marche;* alors ce peloton ſe portera au pas redoublé, à ſix pas en avant, & fera *halte,* aſſemblant du ſeptième pas ; il fera enſuite les commandemens *apprêtez vos armes, en joue, feu;* cette troupe ayant fait *feu,* chargera vivement ſes armes, & après que tous les Soldats auront porté leur arme, & que le régiment, qui ayant toujours marché le pas lent, ſera arrivé à ſa hauteur, il commandera *marche;* alors ce peloton marchera le même pas du régiment, & dans le cas où le régiment l'auroit dépaſſé, il le rejoindroit légèrement, au commandement *marche, marche.*

Dès que le premier peloton ſe ſera porté ſix pas en avant, le Commandant du quatrième peloton fera à ſa troupe l'avertiſſement *peloton,* & enſuite les autres commandemens pour faire *feu*, ce qui s'exécutera alternativement par tous les autres pelotons du bataillon & par la compagnie de Grenadiers.

On s'attachera à mettre tout la préciſion poſſible dans cette manœuvre.

POUR FAIRE FEU EN MARCHANT EN RETRAITE.

Le régiment marchant en retraite, si le Commandant juge à propos de faire exécuter le feu par peloton, il fera l'avertissement :

Peloton, prenez garde à vous pour faire feu.

A cet avertissement, le régiment continuera de marcher le même pas, & le Commandant du premier peloton, après avoir fait à sa troupe l'avertissement *peloton,* il lui fera le commandement *front;* ce qui étant exécuté, il commandera *apprêtez vos armes, en joue, feu;* & les Soldats ayant tiré, reporteront aussitôt les armes, & feront *demi-tour à droite,* au commandement qui leur en sera fait; l'Officier commandera ensuite, *marche, marche,* & ils se porteront en avant, pour se réunir au bataillon, qu'ils rejoindront au pas de course, & y étant arrivés, ils rechargeront leur arme, en continuant de marcher.

Dès que le premier peloton aura fait *feu,* le Commandant du quatrième peloton fera à sa troupe l'avertissement *peloton,* & ensuite les autres commandemens pour faire *front & feu,* ce qui s'exécutera alternativement par les autres pelotons du bataillon & par les Grenadiers.

CHAPITRE 6.

DU FEU DE CHAUSSÉE.

POUR exécuter le *feu de chaussée,* on formera le régiment en colonne, par pelotons ou autres divisions, suivant la largeur du terrein, en observant qu'il reste au moins quatre pas de vide de chaque côté de la chaussée; le Commandant fera ensuite l'avertissement :

Prenez garde à vous pour faire le feu de chaussée.

A cet avertissement, l'Officier de la division de la tête de la colonne, fera les commandemens *division* ou *peloton, apprêtez vos armes, en joue, feu;* les Soldats ayant exécuté le feu, reviendront dans la position de *haut les armes:* l'Officier commandera ensuite *à droite & à gauche, marche,* ou par abréviation, *marche;* à ce commandement, la division se partagera en deux parties, la partie de droite fera *à droite, à droite*, & la partie gauche ſera *à gauche;* la tête de chacune de ces petites colonnes ſera enſuite un *quart de converſion par file*, ce qui ſera exécuté ſucceſſivement par toutes les autres files, pour longer les flancs de la colonne portant alors leur arme, & iront ſe réunir à la queue, en faiſant d'abord *à droite & à gauche*, puis faiſant deux pas en avant, & enſuite un *quart de converſion à gauche* & *à droite* pour ſe réunir : elles ſe remettront enfin *face en tête*, par un *demi-tour à droite*, après lequel elles rechargeront leurs armes. Les autres diviſions répèteront ſucceſſivement la même manœuvre.

CHAPITRE 7.

DU FEU DE BILLEBAUDE.

Le Commandant fera l'avertiſſement :

Bataillons, prenez garde à vous pour faire le feu de Billebaude.

Il commandera enſuite :

1.

Apprêtez vos armes.

2.

Feu.

Au premier commandement, les trois rangs de chaque bataillon feront *haut les armes*, & armeront le fuſil, prenant tous trois la poſition preſcrite au deuxième rang pour tirer, le premier rang reſtant debout.

Au deuxième commandement, le deuxième rang commencera à tirer par l'aile droite de chaque peloton; auſſitôt qu'il aura tiré, chaque homme de ce deuxième rang paſſera de la main droite ſon fuſil à l'homme qui ſera derrière lui, qui le prendra de la main gauche, & celui-ci donnera en même temps le ſien de la main droite au Soldat du deuxième rang qui le recevra de même de la main gauche : le ſecond rang tirera avec le fuſil de l'homme du troiſième rang, le chargera après, & tirera un ſecond coup avec le même fuſil, qu'il repaſſera tout de ſuite au troiſième rang pour reprendre le ſien qui aura été chargé par l'homme du troisième rang, & continuera ainsi à tirer toujours deux coups avec le même fusil.

Le premier rang ne commencera à tirer qu'après que le deuxième rang aura tiré son deuxième coup, en commençant de même par l'aile droite de chaque peloton, & chaque Soldat mettra deux secondes d'intervalle après que son voisin aura tiré, avant que de le faire lui-même; ce premier rang chargera toujours lui-même son fusil, & tirera aussi-tôt.

Pour faire diminuer ce feu, on fera faire un roulement par tous les Tambours du bataillon; à ce signal, le premier rang portera ses armes après les avoir chargées; & quand on voudra le faire cesser tout-à-fait, on fera faire un deuxième roulement, auquel les second & troisième rangs porteront de même leurs armes, après les avoir chargées.

Quand on ne voudra faire tirer qu'un rang, on fera l'avertissement *pour faire le feu du second rang,* on commandera ensuite:

1.

Apprêtez vos armes.

2.

Feu.

Au premier commandement, le premier rang ne bougera, les deux derniers rangs feront *haut les armes,* & les apprêteront.

Au deuxième commandement, le deuxième rang commencera à tirer, comme il est prescrit ci-dessus; alors on ne fera faire qu'un seul roulement pour faire cesser ce *feu.*

On pourra se servir de ce dernier feu en marchant, observant de faire marcher le *pas lent* au moment où on le fera commencer.

TITRE 14.

Simulacre de désordre dans le combat.

POUR donner un tableau de la guerre, exercer l'agilité du Soldat & les talens de l'Officier, on imitera souvent dans les exercices les accidens d'un combat, afin d'accoutumer l'Officier & le Soldat à porter un prompt remède au désordre que peut causer le feu de l'ennemi.

Pour cet effet, on placera un bataillon vis-à-vis de l'autre, ou un détachement en avant, qui représentera l'ennemi.

Le Commandant fera distribuer dans ces bataillons des numéros qui serviront à désigner ceux d'entre les Soldats qui seront censés mis hors de combat : ces chiffres seront distribués indistinctement & sans égard à aucun ordre, environ au tiers des Officiers & des Soldats, plus ou moins. Il y aura plusieurs numéros du même chiffre, mais ces chiffres ne passeront pas le nombre de six, & ils seront attachés à la boutonnière ou sur la manche, afin que ceux auxquels ils seront donnés, les aient toujours sous les yeux.

La manœuvre ainsi préparée & le bataillon ou régiment ayant reçu l'ordre de marcher à la charge, se mettra en mouvement ; la troupe qui représentera l'ennemi fera aussitôt sa première décharge, alors ceux qui porteront le N.° 1, se mettront à genoux, laissant passer le reste de la troupe, & les Officiers & bas Officiers porteront alors toute leur attention à rétablir l'ordre & à boucher les ouvertures en faisant passer les Soldats du second rang dans les lacunes du premier, & ceux du troisième rang dans les lacunes du second, observant, autant qu'il sera possible, l'ordre des files; au moyen de quoi, en supposant que les Soldats hors de combat fassent le tiers de la troupe, son ordre de bataille se trouvera réduit à la fin à deux de hauteur.

Dans le cas où il feroit néceffaire de conferver plus de profondeur que de front, on retireroit des ailes autant de files qu'il en faudroit pour remplacer celles de la queue, ce qui fera déterminé par le Commandant, avant la manœuvre.

Au fecond fignal, les Soldats qui porteront le N.° 2, fe mettront de même à genoux, pour laiffer paffer le refte de la troupe, & ainfi des autres numéros, en obfervant l'ordre numérique, & en continuant d'avancer vers l'ennemi, lors même qu'on s'occupera du remplacement des abfens.

Pour faciliter les premiers effais, on ne diftribuera par compagnie qu'environ trois marques de chaque efpèce; & pour plus de précautions, les Officiers commandant les divifions appelleront à chaque fignal le numéro dont le tour fera venu.

Ces chiffres diftibués au hafard, ou plutôt la confufion qui en réfultera, préfentera un tableau artificiel du défordre que peut caufer le feu de l'ennemi, l'habitude que l'on contractera à le réparer, familiarifera les Troupes avec l'embarras d'une pareille fituation, & préviendra la confufion qui pourroit en réfulter.

Cet exercice ou charge étant fini, les Officiers, bas Officiers & Soldats qui feront reftés affis, chacun à leur place fur le champ de bataille, rejoindront leur troupe au fignal qui en fera donné par les Tambours, qui pour cet effet rappelleront.

TITRE 15.

TITRE 15.

Formation particulière des Dragons d'une Légion, ſoit à pied ou à cheval.

CHAPITRE 1.er

FORMATION SUR LE PIED DE L'AUGMENTATION.

LORSQUE les Dragons d'une Légion monteront à cheval, pour s'exercer, paroître ou combattre, ſoit par compagnie, par eſcadron ou régiment, ou qu'ils prendront les armes à pied, il ſeront toujours formés ſur deux rangs.

Chaque compagnie étant formée en bataille ſur deux rangs, ſera diviſée en deux diviſions.

La première diviſion comprendra le demi-rang de la droite, & la ſeconde diviſion comprendra le demi-rang de la gauche.

Le premier Brigadier ſera placé à la droite, & le ſecond à la gauche du premier rang de la première diviſion.

Le troiſième Brigadier ſera placé à la droite, & le quatrième à la gauche du premier rang de la ſeconde diviſion.

Le cinquième Brigadier ſera placé à la droite, & le ſixième à la gauche du ſecond rang de la première diviſion.

Le ſeptième Brigadier ſera placé à la droite, & le huitième à la gauche du ſecond rang de la ſeconde diviſion.

Le premier Maréchal-des-logis ſera placé à la droite du premier rang de la première diviſion, le ſecond Maréchal-des-logis ſera placé à la gauche du premier rang de la ſeconde diviſion, le troiſième Maréchal-des-logis ſera placé à la droite du ſecond rang de la première diviſion, & le quatrième à la gauche du ſecond rang de la ſeconde diviſion.

Le reſte des files de chaque diviſion, ſera compoſé au premier rang, des Dragons les plus élevés, eu égard cependant à leur ancienneté & à leur intelligence; & au ſecond rang de ceux qui le ſeront le moins, ayant encore attention de placer au premier rang, & principalement ſur les ailes, les chevaux qui y ſeront les plus propres.

On ſuivra le même ordre pour la formation de toutes les compagnies, ſans aucune exception.

Les huit compagnies, dont ſont compoſés aujourd'hui les Dragons des Légions, formeront quatre eſcadrons, qui ſe nommeront *Régiment.*

La première & la cinquième compagnie formeront le premier eſcadron.

La ſeconde & la ſixième compagnie formeront le ſecond eſcadron.

La troiſième & la ſeptième compagnie formeront le troiſième eſcadron.

La quatrième & la huitième compagnie formeront le quatrième eſcadron.

La première, ſeconde, troiſième & quatrième compagnie ſeront toutes également placées à la droite de leur eſcadron ſans aucune inverſion.

Ces quatre eſcadrons formeront deux brigades, les premier & troiſième eſcadrons, compoſeront la première brigade, qui ſera placée à la droite.

Et les ſecond & quatrième eſcadrons compoſeront la ſeconde brigade, qui ſera placée à la gauche.

Le premier eſcadron de chaque brigade ſera placé à la droite de la brigade, & le ſecond à la gauche.

Dans cet ordre de bataille, les eſcadrons ſeront néanmoins diſtingués par premier, ſecond, troiſième & quatrième de la droite à la gauche, ſans égard à leur ancienneté particulière.

On diſtinguera pareillement les quatre diviſions, dont chaque eſcadron ſera compoſé, par première, ſeconde, troiſième & quatrième diviſions, commençant par la droite & finiſſant par la gauche.

Ces diviſions ſe connoîtront encore par paire & impaire.

Le Colonel ſe placera en avant du premier eſcadron à la tête des Officiers ſupérieurs.

Le Colonel-commandant, le Lieutenant-colonel & le Major ſe placeront de même à la tête du premier eſcadron; le Lieutenant-colonel à la droite, & le Major à la gauche du Colonel-commandant, ayant la croupe de leurs chevaux à deux pas en avant de l'alignement des Officiers de cet eſcadron; bien entendu qu'ils pourront ſe porter par-tout où le bien du ſervice l'exigera.

Lorſque le Colonel, le Colonel-commandant ou le Lieutenant-colonel jugeront à propos de prendre le commandement d'un eſcadron, ils ſe placeront à la droite du Capitaine qui ſera à la tête de l'eſcadron dont ils prendront le commandement.

Le Major devant veiller à toutes les manœuvres, & ſe porter par-tout où les circonſtances peuvent l'exiger, ne prendra jamais le commandement particulier d'un eſcadron ou d'une troupe.

Le plus ancien des deux Capitaines attachés à chaque eſcadron, ſe placera à la tête de ſon eſcadron, ayant la croupe de ſon cheval à un pas en avant du centre du premier rang, & le moins ancien ſe placera en ſerre-file, derrière le centre de l'eſcadron, ayant la tête de ſon cheval à deux pas de diſtance du dernier rang.

Dans le cas où l'un des Commandans d'eſcadron, ſe trouveroit abſent ou bleſſé, le ſecond Capitaine de l'eſcadron en prendroit auſſitôt le commandement.

Mais lorſque le commandement d'un eſcadron vaquera par mort, il appartiendra au plus ancien des quatre derniers

Capitaines factionnaires, qu'on fera paſſer à cet eſcadron avec ſa compagnie, à la première occaſion où le régiment montera à cheval.

Le Lieutenant de la première compagnie de chaque eſcadron ſe placera à la droite du premier rang de ſa compagnie, & ſur le même alignement; le Sous-lieutenant ſe placera à la droite du ſecond rang derrière le Lieutenant, & le Fourrier ſera placé en ſerre-file derrière le centre de la compagnie, ayant la tête de ſon cheval à un pas de diſtance du dernier rang.

Quant à la ſeconde compagnie de chaque eſcadron, elle ſera formée de même, avec cette différence que le Lieutenant ſe placera à la gauche du premier rang de ſa compagnie & ſur le même alignement; le Sous-lieutenant à la gauche du ſecond rang derrière le Lieutenant, & le Fourrier, comme il vient d'être dit, en ſerre-file derrière le centre de la compagnie.

L'Aide-major ſe placera à la droite du premier eſcadron, le Sous-aide-major à la droite du troiſième, & le Quartier-maître à la gauche du quatrième eſcadron; bien entendu que ces Officiers pourront vaquer où le bien du ſervice l'exigera.

Dans le cas où il ſe trouveroit des Officiers ou bas Officiers abſens, ils ſeroient remplacés par le grade inférieur de la même compagnie; mais lorſque le Capitaine de ſerre-file d'un eſcadron prendra (en l'abſence du premier Capitaine) le commandement de l'eſcadron, il ſera remplacé ſucceſſivement, ſoit en ſerre-file, ſoit dans le commandement, par les plus anciens Lieutenans de l'eſcadron, & ceux ci par les Sous-lieutenans.

Les deux Tambours de chaque eſcadron ſeront placés à la droite de leur eſcadron, ſur l'alignement du premier rang, ou ſi le Commandant juge à propos de les faire marcher à la tête du régiment, ils ſe réuniront tous à la droite

droite du premier escadron, où ils se formeront sur deux rangs.

Dans les cas de parade & d'assemblée du régiment, les Officiers se placeront à la tête de leurs compagnie & division, tous sur le même alignement, & les Officiers-majors à la droite de leur escadron, sur l'alignement des Officiers.

Lorsque les Dragons prendront les armes à pied, ils seront formés ainsi qu'il vient d'être prescrit à cheval; avec cette différence, que les Capitaines se placeront tous à un pas en avant du centre de leur compagnie.

Les escadrons observeront entr'eux le même intervalle qui est prescrit à cheval; mais si on doit les exercer aux différens feux, on n'observera aucun intervalle, & les Capitaines, se placeront alors sur les ailes de l'escadron à la place des Lieutenans, qui passeront en serre-file derrière la première division de leur compagnie.

CHAPITRE 2.

FORMATION SUIVANT LA COMPOSITION ACTUELLE EN TEMPS DE PAIX.

Les compagnies se formeront sur deux rangs, ainsi qu'il est prescrit ci-devant; mais elles ne seront susceptibles d'aucune division.

Le premier Brigadier sera placé à la droite du second rang, & le second Brigadier à la gauche du premier rang de la compagnie.

Le Maréchal-des-logis sera placé à la droite du premier rang, formant le chef-de-file du premier Brigadier, & le Fourrier sera placé en serre-file derrière la compagnie.

Les huit compagnies formeront également quatre escadrons, ainsi qu'il est prescrit ci-devant, & les Officiers s'y placeront dans le même ordre; mais pour accoutumer les Dragons à manœuvrer sur un plus grand front, on les exerçera souvent à ne former que deux escadrons & même qu'un seul.

On suivra d'ailleurs tout ce qui a été prescrit ci-devant à la formation, soit que l'on s'exerce à pied ou à cheval.

TITRE 16.

Du Salut.

LES Officiers d'Infanterie & de Dragons, ne salueront de leur arme, que les personnes à qui les Ordonnances déférent ces honneurs par leur naissance & leur grade; ils n'ôteront jamais leur chapeau ou leur casque à la tête de leur troupe, pour saluer qui que ce soit, à l'exception du Saint-Sacrement.

Les bas Officiers ne salueront personne de leur arme, & n'ôteront leur chapeau ou casque pour qui que ce soit, à l'exception du Saint-Sacrement.

Les Officiers & bas Officiers de Dragons, mettront le sabre à la main, le porteront & le remettront dans le fourreau en même temps & de la même manière que les Dragons.

Quand les Officiers devront saluer du sabre, ils le feront en quatre temps, soit de pied-ferme ou en marchant:

Au premier, lorsque la personne qu'on devra saluer, sera à quatre pas de distance, on élèvera le sabre perpendiculairement, la pointe en haut, le tranchant à gauche, tenant la garde vis-à-vis & à un pied de distance de l'épaule droite, le coude un demi-pied plus bas que le poignet.

Au deuxième, on baissera doucement la lame du sabre, jusqu'à ce que la pointe se trouve vers l'étrier.

Au troisième, on relèvera le sabre, la pointe en haut, le tenant comme au premier temps.

Au quatrième, on portera le sabre à l'épaule, comme il est prescrit pour les Dragons.

Tous les Officiers qui marcheront à la tête d'une troupe, salueront ensemble, réglant leurs mouvemens sur ceux de l'Officier qui sera à la droite ou à la gauche, suivant le côté où sera placée la personne qu'on devra saluer; mais lorsque cette personne passera devant le front de la troupe, chaque Officier la saluera successivement, à mesure qu'elle s'approchera de lui, & qu'elle en sera à quatre pas.

Lorsque les Soldats ou Dragons ne seront point sous les armes, & qu'ils rencontreront dans les rues, des Officiers, ils les salueront sans s'arrêter, les Soldats en ôtant leur chapeau, & les Dragons en inclinant un peu le haut du corps & portant la main à la visière du casque.

TITRE 17.

De l'assemblée particulière des Dragons à cheval.

CHAPITRE 1.er

DE L'ASSEMBLÉE DE CHAQUE COMPAGNIE ET DE LA VISITE QUI DOIT EN ÊTRE FAITE.

LORSQUE les Dragons d'une Légion, devront monter à cheval, pour s'exercer particulièrement ou pour tout autre objet, les Tambours rappelleront à l'heure qui aura été indiquée.

À ce signal les Dragons brideront leurs chevaux (& si l'on doit partir, ils les chargeront), & chaque Brigadier se rendra avec les Dragons de sa chambrée, au rendez-vous de la compagnie, où se trouveront les Maréchaux-des-logis & le Fourrier, pour former les divisions sur deux rangs ouverts, en faire l'appel, & examiner s'il ne manque rien aux hommes ni aux chevaux, ainsi qu'aux différentes parties de l'armement, de l'habillement, de l'équipement & de l'harnachement.

Les Officiers ſe trouveront alors au rendez-vous de leur compagnie, & le Capitaine, après s'être fait rendre compte par le Fourrier s'il n'y manque perſonne, fera les commandemens néceſſaires pour faire monter les Dragons à cheval (s'ils n'y ſont pas déjà); après quoi il paſſera par-devant & par-derrière les rangs, de même que le Lieutenant & le Sous-lieutenant, qui l'aideront dans cette viſite, pour examiner ſi les Dragons ont la tenue convenable, ſi les chevaux ſont bien harnachés, & s'il ne manque rien en tout point, ni aux hommes ni aux chevaux.

Si le Capitaine juge néceſſaire de faire l'inſpection des armes, il fera les commandemens preſcrits ci-après pour l'inſpection; ſi au contraire, il étoit néceſſaire de s'aſſembler avec célérité, il conduiroit ſa compagnie ſans perte de temps, au quartier d'aſſemblée du régiment.

Toutes les fois qu'on ſera en route, on ne fera monter les Dragons à cheval qu'au moment où l'on battra *à cheval:* on ne fera point les commandemens de l'inſpection, mais on examinera avec ſoin, ſi les chevaux ſont bien harnachés, bien chargés, & ſi rien ne peut les bleſſer.

CHAPITRE 2.

DE L'INSPECTION À CHEVAL.

1.

Prenez garde à vous.

2.

Préparez-vous pour l'inſpection.

A ce commandement, les Dragons feront *haut le mouſqueton,* paſſeront le mouſqueton à gauche, & mettront la baguette dans le canon, plaçant enſuite la main droite au bout du canon.

Ces

Ces mouvemens étant exécutés, le Capitaine & le Lieutenant parcourront chacun le front d'un rang pour faire l'inſpection des armes.

Lorſqu'on voudra examiner ſeulement ſi les mouſquetons ſont chargés ou non, les Dragons ne bougeront point de leur poſition; & dès que l'Officier aura dépaſſé de deux hommes le Dragon qui aura été inſpecté, celui-ci ſans attendre de commandement, remettra la baguette & le mouſqueton en ſon lieu pour enſuite prendre les piſtolets, ainſi qu'il eſt preſcrit ci-après.

Si on veut de plus examiner le mouſqueton, l'Officier en arrivant au premier homme du rang, commandera *montrez vos armes;* alors celui-ci montrera ſon mouſqueton en deux temps:

Au premier, élevant le mouſqueton de la main gauche, ſans donner de ſaccade au cheval, il le ſaiſira de la droite à la poignée.

Au deuxième, abandonnant le mouſqueton de la main gauche, il l'élèvera de la droite pour le tenir perpendiculaire, la platine en avant & à hauteur de la cravate, à un pied de diſtance environ; après quoi il repaſſeta le mouſqueton à gauche par les mouvemens contraires.

Dès que le Dragon qui aura été inſpecté, fera ſon premier temps pour paſſer le mouſqueton à gauche, celui qui devra l'être à ſon tour, commencera au même moment ſon premier temps pour montrer ſon mouſqueton, & ainſi des autres qui exécuteront ſucceſſivement tous les mouvemens preſcrits pour le premier Dragon.

Dès que l'Officier aura dépaſſé de deux hommes le Dragon qui aura été inſpecté, celui-ci ſans attendre de commandement remettra la baguette & le mouſqueton en ſon lieu; après quoi découvrant les piſtolets, il prendra le piſtolet gauche, mettra la baguette dans le canon, enſuite le piſtolet droit, & mettra de même la baguette dans le canon, les tenant tous deux dans la main gauche, pour ensuite les tenir un dans chaque main la platine en avant, le bout élevé.

Le Capitaine & le Lieutenant ayant fait l'inspection du mousqueton, feront celle des pistolets; dès qu'ils seront passés, chaque Dragon remettra successivement la baguette & chaque pistolet en son lieu, après quoi il mettra le sabre à la main, & le portera le dos de la lame appuyé à l'épaule.

Le Capitaine & le Lieutenant parcourront alors le front & la queue du rang qu'ils inspecteront, pour en faire un dernier examen, & voir toutes les parties de l'habillement & de l'harnachement, entrant à cet égard dans tous les détails prescrits ci-devant pour l'assemblée des compagnies, & ne négligeant rien de tout ce qui peut avoir rapport à la tenue & à la conservation de la troupe.

A mesure que l'Officier qui fera l'inspection, s'arrêtera devant chaque Dragon, celui-ci présentera le sabre en trois temps:

Au premier, il le portera en avant, le bras demi-tendu, la coquille à hauteur & à un pied de distance de la cravate, le sabre perpendiculaire, le plat de la lame en avant, le tranchant à gauche, & le pouce alongé sur le côté droit de la poignée; observant de repasser le petit doigt sur la poignée toutes les fois qu'il détachera le sabre de l'épaule.

Au deuxième, il tournera le poignet en dehors, pour présenter l'autre côté de la lame le tranchant à droite.

Au troisième, dès que l'Officier sera passé, le Dragon portera le sabre à l'épaule, en retournant le poignet en dedans.

Ce dernier examen étant fini, le Capitaine commandera:

3.

Remettez le sabre.

En deux temps:

Au premier, détachant le sabre de l'épaule, on l'élèvera perpendiculairement la pointe en haut, la coquille à hauteur & à un pied de distance de la cravate, comme il vient d'être prescrit.

Au deuxième, laissant couler les rênes dans la main gauche, on saisira le fourreau, & on baissera la lame de manière qu'elle passe en croix le long du bras gauche la pointe derrière : on la remettra dans le fourreau, & replaçant ensuite les rênes dans la main gauche, on tournera la tête à droite, laissant tomber la main droite sur le côté.

4.

Ajustez vos rênes.

En deux temps :

Au premier, on les prendra au-dessus & tout près de la main gauche, avec le pouce & le premier doigt de la main droite, le pouce en dedans ; on coulera ces deux doigts fort doucement jusqu'au bouton qu'on élèvera perpendiculairement devant soi, au-dessus de la main ganche, dont on ouvrira un peu les doigts pour laisser couler les rênes, la main droite s'élevant en même temps plus haut d'un demi-pied que le coude.

Au deuxième, se règlant sur la droite, on abattra vivement les rênes en replaçant la main droite sur la cuisse.

L'inspection étant finie, si le Lieutenant a remarqué quelque chose de défectueux, il en rendra compte au Capitaine, qui y fera remédier sur le champ autant qu'il sera possible.

Si la compagnie doit être exercée au feu, le Fourrier distribuera des cartouches à poudre.

Lorsqu'on voudra faire charger les armes, le Capitaine fera l'avertissement, *prenez garde à vous*, & commandera ensuite :

Chargez vos armes.

A ce commandement, les Dragons feront *haut le mousqueton*, ensuite *arme plate :* ils ouvriront le bassinet, prendront la cartouche, & chargeront le mousqueton & ensuite les pistolets, sans autre commandement.

Si on ne veut faire charger que lepistolets, au lieu du commandement ci-dessus, on comandera : *chargez les pistolets.*

CHAPITRE 3.

DE LA MARCHE DE CHAQUE COMPAGNIE AU LIEU D'ASSEMBLÉE.

TOUT étant disposé, le Capitaine fera serrer les rangs & compter sa compagnie par quatre, commençant en même temps par la droite de chaque rang; après quoi (les Officiers s'étant placés à la tête de leur division), il fera rompre sa compagnie sur un front proportionné au terrein qu'il aura à parcourir pour se rendre au quartier d'assemblée du régiment, où en arrivant il la placera dans le rang qu'elle devra tenir dans l'ordre de bataille du régiment; alors le Major & les Officiers-majors qui auront dû se rendre d'avance au lieu d'assemblée, parcourront le front & la queue du régiment, pour en compléter les files & égaliser toutes les divisions.

Le Colonel ou autre Commandant du Corps, se trouvera au lieu d'assemblée le plus tôt possible, & il en fera faire une inspection générale par les Officiers-majors, s'il le juge à propos; il fera ensuite serrer les rangs, s'ils sont ouverts, & fera rompre le régiment, pour le mettre en marche & se rendre sur le terrein destiné aux Exercices.

CHAPITRE 4.

DE L'ARRIVÉE DU RÉGIMENT SUR SON TERREIN D'EXERCICE.

LE régiment étant arrivé sur le terrein où il devra être exercé, y sera formé en bataille, ainsi que le Commandant le jugera à propos.

Si le régiment doit être vu en parade, le Commandant fera ouvrir les rangs, & s'il doit rendre des honneurs, il fera mettre le sabre à la main, & les Officiers salueront du sabre.

Si au contraire le régiment doit être exercé tout de suite

ſuite aux manœuvres, le Commandant ſe portera ſeul à trente pas environ en avant du front, pour faire les commandemens; mais avant de faire exécuter aucune manœuvre, il avertira les Officiers de ſe rendre à leur place de bataille: cet avertiſſement ſera ſuivi d'un roulement, après lequel les Officiers ſe placeront ſur les flancs des eſcadrons & en ſerre-file, ainſi qu'il eſt preſcrit ci-devant.

TITRE 18.

Du maniement des armes à cheval.

CHAPITRE 1.er

OBSERVATIONS GÉNÉRALES.

LE maniement des armes n'étant néceſſaire aux Dragons que pour leur apprendre à manier & à charger leur arme à cheval, ſera compris comme Exercice de détail, & ne ſe fera jamais en plus grand nombre que par une compagnie ou un eſcadron, juſqu'à ce que les Dragons en ſoient ſuffiſamment inſtruits; mais toutes les fois que les quatre eſcadrons d'une Légion ſeront aſſemblés, on n'exécutera d'autres temps ni commandemens, que ceux qui ſeront néceſſaires pour aller à la charge,

On obſervera dans le maniement des armes à cheval, de mettre deux ſecondes entre l'exécution de chaque temps des commandemens qui en auront pluſieurs, & celui qui commandera le maniement des armes, ou l'homme d'aile, mettra quatre ſecondes de repos entre la fin d'un commandement & le commencement du ſuivant.

Quant à l'exécution des mouvemens, on aura attention à ce que les Dragons les bruſquent tous, & qu'à la fin de chaque temps, il y ait une ceſſation totale de mouvement.

Lorſqu'un Dragon laiſſera tomber ſa baguette ou ſon chapeau, en quelque temps de l'exercice que ce ſoit, il ne les ramaſſera point, & il attendra que le Commandant de la troupe ordonne à un Maréchal-des-logis ou autre, de le faire.

CHAPITRE 2.

COMMANDEMENS DU MANIEMENT DES ARMES À CHEVAL.

LE Commandant fera l'avertiſſement :

Prenez garde à vous, pour le maniement des armes.

A cet avertiſſement, l'homme d'aile ſe portera en avant de la droite.

PREMIER COMMANDEMENT.

Haut les armes.

En deux temps :

Au premier, on ſaiſira le mouſqueton de la main droite à la poignée, pour le placer en avant de la botte.

Au deuxième, on élèvera le mouſqueton pour appuyer la croſſe ſur la cuiſſe, le bout en haut & vis-à-vis l'épaule droite.

2.

Apprêtez vos armes.

En un temps.

On armera le mouſqueton avec le pouce, ſans le ſecours de la main gauche, en tirant le chien en arrière juſqu'à ce qu'on l'ait entendu ſe loger dans le cran, le premier doigt ſur la ſougarde.

2.

En joue.

En un temps :

On portera de la main droite la croſſe du mouſqueton à l'épaule droite, & pour ſoutenir le mouſqueton, on avancera la main gauche vers la tête du cheval, ſans quitter les rênes ni les alonger, autant qu'il ſera poſſible, plaçant en même temps le premier doigt de la main droite ſur la détente.

4.

Feu.

En un temps :

On appuiera le premier doigt ſur la détente, ſans baiſſer la tête ni faire aucun mouvement, & un temps après, on ramènera le mouſqueton horizontalement, ou armes plates ſur la main gauche, qui ſe rapprochera de la platine, le pouce le long du bois, plaçant le pouce droit & le premier doigt ployé ſur la vis du chien.

5.

Chien en ſon repos.

En un temps :

On relèvera le chien juſqu'à ce qu'il s'arrête dans le premier cran, la main droite reſtant à ſa poſition.

6.

La cartouche.

En trois temps :

Au premier, on portera la main droite au porte-cartouche pour en tirer la cartouche.

Au deuxième, on portera la cartouche à la bouche pour la déchirer, en mordant juſqu'à la poudre.

Au troiſième, on la portera au baſſinet pour amorcer, & on placera enſuite les trois derniers doigts derrière la batterie, tenant la cartouche droite entre le pouce & les deux premiers doigts.

7.

Fermez le baſſinet.

En un temps :

On fermera le baſſinet, & on reportera la main droite derrière la platine, ſaiſiſſant la poignée entre les deux derniers doigts & la paume de la main.

8.

Armes à gauche.

En deux temps :

Au premier, on paſſera la croſſe à gauche entre les rênes & le corps, la platine en avant, étendant le bras droit de toute ſa longueur, & la main gauche le ſaiſira au-deſſus du porte-anneau, le pouce gauche ſur l'extrémité du bois, plaçant la croſſe entre la fonte & le corps du cheval.

Au deuxième, on mettra la cartouche dans le canon, donnant enſuite un coup du talon de la main contre le canon, & on ſaiſira la baguette avec le pouce & le premier doigt, le coude haut & la main renverſée en dedans.

9.

Bourrez.

En ſix temps :

Au premier, on ſortira la baguette hors des tenons juſqu'à moitié de ſa longueur, & coulant enſuite la main juſqu'à l'extrémité du bois, on la ſaiſira vers le milieu.

Au deuxième, on achèvera de la tirer, la faiſant enſuite tourner pour porter le gros bout à l'orifice du canon & l'y faire entrer d'environ un pouce.

Au troiſième, on chaſſera la baguette dans le canon, & on la ſaiſira avec le pouce & le premier doigt, à un pouce du petit bout, au moment qu'elle rebondira.

Au quatrième, on la ſortira juſqu'à moitié de ſa longueur, & renverſant la main, on la ſaiſira près du bout du canon.

Au cinquième, on achèvera de la ſortir du canon & l'ayant fait tourner, on portera le petit bout à l'entrée du porte-baguette, on la fera couler dans les tenons juſqu'à ce que le gros bout ſoit de quatre doigts environ plus bas que le bout du canon, & on placera enſuite le talon de la main ſur le gros bout.

Au ſixième, on l'enfoncera d'un ſeul coup, & on élèvera le mouſqueton de la main gauche ſans donner de ſaccade au cheval, pour le ſaiſir de la main droite à la poignée

poignée, passant la crosse entre les rênes & le corps, & le tenir horizontalement ou armes plattes.

10.

Haut les armes.

En un temps :

On élèvera le mousqueton de la main droite, & le quittant de la main gauche, on portera la crosse sur le plat de la cuisse, le bout en haut & vis-à-vis l'épaule droite.

11.

L'arme en son lieu.

En un temps :

On baissera le bout du mousqueton pour le laisser tomber le long de la cuisse droite, la crosse en haut, & on placera la main droite sur le côté.

12.

Découvrez les pistolets.

En un temps :

On découvrira les pistolets, & on placera la peau de la selle sous les cuisses.

13.

Pistolet à la main.

En un temps :

On prendra de la main droite par-dessus les rênes, le pistolet gauche à la crosse, on le sortira de la fonte, & on le placera sur la main gauche dont on le tiendra, le bout un peu élevé vers l'oreille gauche du cheval, le pouce le long du bois, plaçant le pouce de la main droite sur le chien, & le premier doigt sur la partie supérieure de la sougarde.

14.

Apprêtez le pistolet.

En deux temps :

Au premier, on armera le pistolet avec le pouce, le tenant toujours de la main gauche.

Au deuxième, on l'élèvera, le bout en haut, le poignet à hauteur de l'épaule droite & à un demi-pied de distance, la sougarde en avant.

15.

En joue.

En un temps :

En alongeant doucement le bras en avant, on passera le premier doigt sur la détente, tenant la sougarde en dessous, mais inclinée un peu à droite, le bout du pistolet directement devant soi, & un peu plus bas que le poignet.

16.

Feu.

En deux temps :

Au premier, on appuiera le doigt sur la détente, sans faire aucun mouvement de tête, & un temps après, on reportera le pistolet sur la main gauche, dont on le saisira près de la partie supérieure de la platine, le pouce le long du bois ; on relèvera le chien pour le mettre en son repos, & on fermera la batterie.

Au deuxième, on remettra le pistolet dans la fonte, & on reportera la main droite sur la cuisse.

On répètera les mêmes commandemens que ci-dessus pour faire *feu* du second pistolet, en observant de placer les doigts entre la crosse & la selle, les ongles en dessous, pour le sortir de la fonte.

17.

Couvrez les pistolets.

En un temps :

On retirera la peau de dessous les cuisses, pour la replacer & l'assujettir dessus les fontes avec la courroie.

18.

Dégagez le sabre.

En un temps :

On portera la main droite par-dessus les rênes, en

regardant à gauche ; on passera le poignet dans le cordon, & on prendra le sabre à la poignée pour dégager la lame d'environ quatre doigts du fourreau.

19.

Sabre à la main.

En un temps :

On tirera vivement le sabre, pour le porter à l'épaule droite, le dos de la lame appuyé contre l'épaule, le poignet un peu plus bas que la main gauche, laissant échapper le petit doigt derrière la poignée, & on retournera la tête à droite.

20.

Haut le sabre.

En un temps :

Passant le petit doigt sur la poignée, le premier rang disposera le sabre en avant pour pointer, le poignet tourné en tierce & à hauteur des yeux, le bras presque tendu, le tranchant de la lame à droite, la pointe un peu plus basse que le poignet ; & le deuxième rang élèvera le sabre, le bras demi-tendu, le poignet perpendiculaire sur l'épaule droite & un peu plus élevé que la tête, le tranchant de la lame en l'air, la pointe derrière, mais inclinée un peu à gauche, & plus élevée d'un pied environ que le poignet.

21.

Portez le sabre.

En un temps :

On le portera à l'épaule droite, comme il a été prescrit ci-devant, le petit doigt se replaçant derrière la poignée.

22.

Remettez le sabre.

En deux temps, comme au troisième commandement de l'inspection à cheval.

23.

Ajuſtez vos rênes.

En deux temps, comme au quatrième commandement de l'inſpection à cheval.

TITRE 19.

Principes généraux pour les Manœuvres.

CHAPITRE I.er

PREMIERS ÉLÉMENS.

POUR faire manœuvrer une troupe, il faut être inſtruit des principes généraux ſur leſquels les manœuvres doivent être réglées.

Un rang, eſt formé de pluſieurs hommes à côté les uns des autres.

Une file, eſt formée de pluſieurs hommes les uns derrière les autres.

Un régiment en bataille, eſt formé de tous ſes eſcadrons à côté les uns des autres.

Un régiment en colonne, eſt formé de tous les eſcadrons, compagnies ou diviſions, &c. les unes derrière les autres.

Intervalle, eſt l'eſpace vide qui ſe trouve entre les eſcadrons d'un régiment formé en bataille.

Lorſque les intervalles ſont égaux au front des eſcadrons, on dit alors que le régiment eſt formé dans un *ordre de bataille tant plein que vide;* mais lorſqu'il n'y a aucun intervalle entre les eſcadrons, *l'ordre de bataille eſt plein* ou (ce qui eſt la même choſe) *en muraille.*

Un régiment formé en bataille par la gauche, eſt celui dont les premiers eſcadrons ſe trouvent placés à la gauche de la ligne, & les derniers à la droite.

Colonne

Colonne renverſée, eſt celle dont les dernières troupes de la colonne ſe trouvent en avoir la tête.

Diſtance, eſt l'eſpace vide qu'il doit y avoir entre chaque troupe d'une colonne,

Marche diagonale; elle n'eſt ainſi nommée que par rapport à l'alignement d'où l'on part, puiſqu'elle devient directe après le demi-quart de converſion qui diſpoſe la troupe à marcher de front ſur le point déterminé.

Marche oblique, c'eſt ſe porter en avant en gagnant du terrein vers la droite ou vers la gauche ſans changer de front.

Tête à botte, c'eſt faire un *demi à droite* ou un *demi à gauche* par file, pour diſpoſer l'eſcadron à marcher plus ou moins obliquement vers l'un des flancs, ſoit pour ſe mettre en bataille, ou ſe reployer en colonne, chaque Dragon portant ſucceſſivement la tête de ſon cheval à côté de la botte de celui qui le précède à meſure qu'il ſe dégage du rang, & marchant enchaînés les uns aux autres.

Pivot, eſt l'homme de l'une des ailes du premier rang d'une troupe qui fait une converſion, lequel forme le point central de la converſion.

Pivot mouvant, eſt le même homme qui pendant la converſion gagne plus ou moins de terrein en avant.

Déboitement, exprime le commencement d'une converſion exécutée par pluſieurs diviſions en bataille, dont l'aile de chacune ſe ſépare (*ou* ſe déboite) du pivot de la diviſion qui lui eſt voiſine.

Emboitement, exprime de même la fin d'une converſion exécutée par pluſieurs diviſions en colonne pour ſe mettre en bataille, dont l'aile de chacune ſe joint (*ou* s'emboite) au pivot de la diviſion qui la précède.

Serre-file, eſt la place qu'occupent les Officiers & bas Officiers, derrière leur troupe.

Profondeur ou *hauteur*, exprime la quantité de rangs dont une troupe eſt compoſée; on dit qu'une troupe eſt ſur *deux, trois* ou *ſix de hauteur*, lorſqu'elle eſt compoſée de deux, de trois ou de ſix rangs.

Pour connoître le front d'une troupe & en évaluer la profondeur, il eſt néceſſaire de ſavoir, que chaque cheval monté occupe en épaiſſeur le tiers de ſa longueur : cette épaiſſeur eſt un peu moins de trois pieds; mais pour éviter les fractions, & arriver au même but par un calcul plus aiſé, on la ſuppoſe à trois pieds ou à un grand pas, par conſéquent une troupe de douze hommes de front, occupe douze pas de front, & les deux rangs occupent ſix pas de profondeur, ſur leſquels il ſe trouve l'eſpace néceſſaire d'un rang à l'autre pour que le ſecond rang puiſſe marcher ſans donner d'atteintes au premier.

Les hommes d'un même rang doivent être alignés de manière que les pommeaux des ſelles ſoient ſur la même ligne, & aſſez près les uns des autres pour que les bottes ſe touchent ſans ſe preſſer.

Chaque Dragon, pour être bien aligné, ne doit point voir le rang ni par-devant ni par-derrière, il ne doit voir que ſon voiſin de la droite lorſqu'on s'aligne à droite, ou ſon voiſin de la gauche quand on s'alignera à gauche : il doit donner un coup-d'œil ſur le pommeau de la ſelle de ſon voiſin, ſans porter le corps en avant pour voir le rang; les ſelles étant bien alignées, les rangs le ſeront auſſi.

Les Dragons du ſecond rang doivent avoir de plus l'attention d'être ſur la direction de leur chef-de-file.

Toute diviſion deſtinée à manœuvrer, doit avoir plus ou moins de front relativement à la quantité des rangs dont elle eſt compoſée : ſavoir, lorſqu'une troupe devra manœuvrer par rangs, elle pourra ſe mouvoir circulairement par diviſion de quatre hommes, & le feroit difficilement par diviſion de trois.

Si les deux rangs doivent manœuvrer ensemble, les divisions auront de même un front plus étendu que n'est la profondeur des rangs, pour pouvoir se mouvoir circulairement, quoiqu'à la rigueur il soit possible de le faire sur un front égal à la profondeur (c'est-à-dire, sur six hommes de front); mais il faut avoir égard à la ligne diagonale qui part du pivot du premier rang, & qui se termine au Dragon du second rang de l'aile opposée, laquelle excède plus ou moins le front de la troupe, suivant que ce même front est plus petit ou plus grand : c'est pourquoi, plus les divisions auront de front, moins la diagonale sera sensible, & plus le déboitement des ailes qui auront à tourner, sera facile.

La distance entre les rangs ouverts à cheval, sera de quatre grands pas ou de douze pieds, depuis la croupe du cheval de devant, jusqu'à la tête de celui qui le suit, & elle ne sera que d'un pied environ lorsque les rangs devront être serrés.

L'intervalle ordinaire d'un escadron à l'autre, sera de la moitié du front d'un escadron : il ne sera pas plus considérable d'un régiment à un autre.

Plus les intervalles seront petits, & moins les flancs des escadrons seront exposés; c'est pourquoi on pourra varier sur cette règle, relativement aux circonstances, & même les former en muraille si le cas l'exige.

Les escadrons qui seront en seconde ligne, conserveront au moins un intervalle égal à leur front, afin que dans les mouvemens rétrogrades, les escadrons de la première ligne puissent passer aisément de front dans les intervalles de la seconde.

CHAPITRE 2.

RÈGLES À OBSERVER
POUR FAIRE MOUVOIR UNE TROUPE.

CHAQUE commandement pour faire mouvoir une Troupe sera précédé de cet avertissement, *attention*, qui servira de signal aux Dragons pour rassembler leurs chevaux & prêter toute leur attention.

Ils se mettront en mouvement au mot *marche*, & s'arrêteront au mot *halte*.

Lorsqu'on commandera *un quart*, ou *une demi-conversion*, à une troupe qui sera de pied-ferme; dès que la troupe ou que chaque division de cette troupe aura achevé son mouvement, elle fera *halte* sans commandement, & ne se portera ensuite en avant, qu'au mot *marche*; mais lorsqu'on commandera l'un de ces mouvemens à une troupe qui sera en marche, la troupe ou chaque division de cette troupe, après l'avoir exécuté, continuera à se porter en avant, & ne s'arrêtera qu'au mot *halte*.

Quand on fera le seul commandement *marche* à une troupe qui sera de pied-ferme, soit en bataille ou en colonne, toute la ligne ou chaque troupe de la colonne s'ébranlera en même temps, pour marcher au pas seulement.

Lorsqu'une troupe marchera, soit en bataille ou en colonne, & qu'il aura été ordonné de faire *un quart* ou *une demi-conversion* par division quelconque, l'aile qui devra tourner exécutera son mouvement du même degré de vîtesse, dont la troupe marchoit précédemment & sans l'augmenter, afin que chaque division arrive en même temps; mais lorsqu'on voudra accélérer ce mouvement, le Commandant en fera l'avertissement avant celui de *marche*, alors chaque division augmentera son degré de vîtesse pour l'exécution du quart ou de la demi-conversion seulement, & s'alignera vivement en se portant ensuite en avant.

CHAPITRE 3.

CHAPITRE 3.

CIRCONSTANCES QUI DOIVENT DÉTERMINER LA MANIÈRE DE ROMPRE UNE LÉGION.

Le principe à ſuivre pour rompre une Légion, & pour la faire marcher ſur un plus grand ou ſur un plus petit front, doit être aſſujetti aux circonſtances.

Lorſqu'on a pour objet de marcher à l'ennemi, il faut s'éloigner le moins qu'il eſt poſſible de l'ordre de bataille : en conſéquence on ſe rompra par le plus grand front que le terrein permettra de marcher, & s'il ſe trouvoit des défilés (ou un terrein plus reſſerré à paſſer), chaque troupe après l'avoir paſſé, ſe reformeroit, telle qu'elle étoit avant de le paſſer ou même ſur un plus grand front, ſi le terrein le permettoit, afin que (la colonne ayant moins d'étendue) elle ſoit plus ſuſceptible d'être formée promptement en bataille, ſi le cas l'exigeoit

Lorſqu'on n'aura d'autre objet en rompant une Légion, que celui de la mettre en route, on préférera de la rompre par un petit front, pour marcher avec plus d'aiſance & moins de ſujettion.

Quant à la manière de ſe rompre, on doit préférer celle qui conduit par la voie la plus courte ou avec le moins de chemin à l'objet qu'on ſe propoſe; en conſéquence lorſqu'on voudra former une légion en colonne par diviſion quelconque, elle ſe rompra carrément, c'eſt-à-dire, que toutes les diviſions, excepté la première de la colonne, ſe porteront par un *à droite* ou par un *à gauche* ſur le terrein qu'occupoit celle qui en aura la tête.

Lorſqu'on n'aura d'autre objet que celui de gagner du terrein en avant, on préférera de ſe rompre diagonalement, c'eſt-à-dire, que toutes les diviſions ſe porteront par le chemin le plus court ſur la direction de celle qui aura la tête de la colonne, autant que le terrein le permettra.

On diſtinguera ces différentes manières de ſe rompre par les commandemens ſuivans :

Au commandement *Diviſions, &c. formez la colonne,* on ſe rompra carrément; mais au commandement *Diviſion, &c. rompez la légion en avant,* on ſe rompra diagonalement.

CHAPITRE 4.

DE LA MARCHE EN COLONNE.

LORSQU'ON fera le commandement pour rompre un régiment ou le former en colonne par eſcadron, compagnie, &c. ſoit en avant ou en arrière, la droite ouvrira toujours la marche, ſans qu'il ſoit beſoin de l'en prévenir; mais lorſqu'on voudra que ce ſoit la gauche qui marche la première, ou l'un des eſcadrons du centre, on en fera mention dans le commandement.

Lorſqu'un régiment ſe rompra en colonne par compagnie, pour ſe mettre en marche ou ſe rendre ſur le terrein où il devra s'exercer, les Officiers ſupérieurs marcheront à la tête de la colonne; le Capitaine, le Lieutenant & le Sous-lieutenant de chaque compagnie marcheront à la tête de leur compagnie, le Lieutenant à la droite, & le Sous-lieutenant à la gauche du Capitaine, le Fourrier marchera en ſerre-file derrière la compagnie.

Lorſque les compagnies ſe rompront par diviſion, le Capitaine & le Lieutenant marcheront à la tête, le Sous-lieutenant marchera à la tête de la ſeconde diviſion, le Fourrier de la première compagnie de chaque eſcadron marchera ſur le flanc de la ſeconde diviſion, & le Fourrier de la ſeconde compagnie de l'eſcadron, ainſi qu'il vient d'être preſcrit, en ſerre-file derrière ſa compagnie.

Lorſqu'enſuite les diviſions ſe rompront par quatre, par deux ou qu'elles défileront, les Officiers marcheront dans le même ordre à la tête de leur diviſion.

Dans l'un & l'autre cas les Officiers-majors marcheront ſur le flanc de la colonne, & n'auront aucune place fixe.

Les Tambours resteront à la droite de leur escadron, toutes les fois qu'il ne sera rompu que par compagnie, mais s'il est rompu par division, &c. ils formeront une division particulière qui marchera à la tête de l'escadron.

Lorsqu'après avoir marché en colonne par division, on formera les escadrons en avant ou le régiment en bataille, les Officiers continueront de marcher à la tête de leur troupe, jusqu'à ce que le Commandant leur ait fait l'avertissement de prendre leurs places de bataille; alors ils se placeront ainsi qu'il est prescrit pour la formation des escadrons, & ne marcheront à la tête de leurs divisions que lorsqu'elles se rompront; savoir, lorsqu'on fera des *demi-conversions* par compagnie, le Capitaine de serre-file de chaque escadron, ira se placer en serre-file derrière l'escadron: si au contraire on ne fait qu'un *quart de conversion* par compagnie, il restera sur le flanc de l'escadron, mais si l'on doit marcher en colonne, il marchera à la tête de sa compagnie.

Lorsqu'on fera des *demi-conversions* par division ou par quatre, le Capitaine & les Fourriers de serre-file de chaque escadron, feront chacun *demi-tour à droite* pour marcher à la tête de l'escadron, & le Commandant d'escadron marchera en serre-file; si au contraire on ne fait qu'un *quart de conversion* par division, le Capitaine & les Fourriers de serre-file, resteront sur le flanc des divisions; mais si la colonne devoit ensuite se porter en avant, tous les Officiers & Fourriers marcheroient, comme il est prescrit ci-dessus, à la tête de leur division, & se replaceroient dans les rangs & en serre-file, à mesure qu'on reformeroit les compagnies & les escadrons.

Lorsqu'on fera des *à droite* ou des *à gauche* par quatre, pour marcher par le flanc, le Commandant d'escadron, le Capitaine & les Fourriers de serre-file, marcheront sur les flancs de la colonne, & les autres Officiers marcheront à la tête ou à la queue de la colonne, ainsi qu'ils se trouveront.

On obſervera en marchant en colonne, que les files des ailes de chaque diviſion, ſoient toujours alignées par la droite ou par la gauche, ſur celles de la diviſion qui aura la tête de la colonne, vers le côté par lequel on aura tourné en dernier lieu, en marchant, ou que l'on devra ſe mettre en bataille.

Ces mêmes files qui n'auront d'autre attention que de bien marcher à leur direction, & à ne laiſſer tout au plus qu'un petit pas de diſtance de la croupe du cheval de l'Officier (qui marchera à la tête de la diviſion) au premier rang de la diviſion, ſerviront chacune de guide à leur rang, pour être aligné, ſoit par la droite ou par la gauche.

Les Dragons éviteront en s'alignant, de porter machinalement la main du côté où ils regarderont, devant la tenir aſſurée devant eux, pour contenir leurs chevaux bien droits dans les jambes, ſans ouvrir leur rang ni ſe ſerrer ſur leur guide.

Lorſque pour une revue, on défilera en colonne, les Dragons regarderont, pour ce moment, du côté de la perſonne devant laquelle on paſſera.

Les Officiers & bas Officiers ſeront tenus de marcher dans le plus grand ordre, & d'avoir l'œil à ce que les Dragons de leur diviſion ne ſe négligent point, qu'ils obſervent le ſilence, & qu'ils marchent ſerrés dans les rangs comme ils doivent l'être.

On marchera en colonne de trois manières, ſuivant les circonſtances; ſavoir, à diſtances ouvertes, à demi-diſtances, & en ordre ſerré ou, ce qui eſt la même choſe, en maſſe.

Lorſqu'on marchera *à diſtances ouvertes*, l'Officier qui ſera à la tête de chaque diviſion, aura attention à ne pas laiſſer plus de diſtance du premier rang de ſa troupe au premier rang de celle qui la précèdera, qu'il n'en faudra à cette troupe pour ſe mettre en bataille; la première troupe

troupe de chaque escadron observant en outre la distance prescrite pour l'intervalle d'un escadron à l'autre.

L'Officier-major attaché à chaque escadron, veillera avec soin à l'observation de ce principe, & à ce que le second rang de chaque division soit toujours serré sur le premier, sans cependant que les chevaux se blessent d'atteintes.

Lorsqu'on marchera *à demi-distances*, l'Officier de chaque troupe, n'observera du premier rang de sa troupe, au premier rang de celle qui la précèdera, que la moitié du front de sa troupe, sans égard aux intervalles des escadrons.

Lorsqu'on marchera *en ordre serré*, on n'observera que trois pas environ du premier rang d'une division au second rang de celle qui précèdera; les Officiers de la tête de chaque troupe marcheront sur le flanc gauche, & les Officiers & Fourriers de serre-file sur le flanc droit de leur troupe.

Si l'on est *en colonne* pour marcher & faire route, on n'observera que des demi-distances seulement entre les divisions; le second rang ne sera point si serré, & les Dragons marcheront à leur aise, sans être assujettis à un alignement scrupuleux.

Lorsqu'une troupe *défilera*, ou qu'elle marchera par deux, trois ou quatre, les rangs seront serrés, & on n'observera d'autre distance entre les divisions, que celle qui sera nécessaire aux Officiers pour marcher à la tête de leur troupe.

CHAPITRE 5.

DE LA MARCHE EN BATAILLE.

LORSQU'UNE Légion marchant en colonne, devra se former en bataille en avant, l'objet devant être d'y arriver le plus promptement possible, chaque troupe de la colonne se dirigera toujours par le chemin le plus court, sur le terrein qu'elle devra occuper en bataille, & jamais par les manœuvres carrées, à moins qu'elle n'y ſoit forcée par la nature du terrein.

Soit qu'une Légion marche en colonne renverſée ou non, elle ſe formera toujours en bataille dans ſon ordre naturel, c'eſt-à-dire que les premières troupes ſe placeront à la droite de la ligne, à moins d'un commandement contraire.

On obſervera pour former une colonne en bataille, en tel ſens que ce ſoit, de diriger la première troupe ſur le terrein où on voudra placer la droite, ou, ſi l'on marche par la gauche ou par le centre, ſur le terrein où on voudra placer la gauche ou le centre, en gardant l'alignement qu'on devra occuper en bataille; alors chaque troupe s'alignera en arrivant, ſur la première troupe qui ſe ſera formée, ſoit par la droite, par la gauche ou ſur le centre : mais lorſqu'enſuite cette ligne devra marcher en avant, les eſcadrons ou troupes de la droite ſe règleront ſur la gauche, & ceux de la gauche ſe règleront ſur la droite, afin de s'aligner tous entr'eux ſur le centre, en avant duquel marchera un Officier ſupérieur qui ſervira de baſe à l'alignement général.

Lorſque les eſcadrons exécuteront leur mouvement au galop, pour ſe mettre en bataille, le Commandant de chaque eſcadron aura l'attention de ralentir ſon eſcadron au trot, quelques pas avant qu'il arrive ſur ſon alignement, afin de ne le point dépaſſer ni s'arrêter en déſordre.

On obſervera la même règle pour un régiment ou pour toute autre troupe qui marcheroit en bataille au galop, à moins que les circonſtances n'exigent d'arrêter ſur le champ.

Toutes les fois qu'une troupe ſeule marchera en avant, les Dragons s'aligneront à droite, ſur la file droite qui ſervira de guide à toute la troupe; cette file obſervant de marcher bien droit devant elle, d'avoir ſouvent l'œil ſur le Commandant, & de laiſſer toujours un pas de diſtance de ce Commandant au premier rang de la troupe; la file de la droite du second rang servira pareillement de guide à ce rang, & n'aura d'autre attention que de marcher à son chef-de-file & à sa distance.

Lorsque les quatre escadrons d'une Légion marcheront ensemble de front en bataille, la file de la gauche du second escadron, & la file de la droite du troisième escadron seront chargées d'observer de concert ensemble, l'intervalle qu'il devra y avoir entre ces deux escadrons, en dépassant un peu l'alignement, pour soutenir ferme sur leur rang, si l'intervalle se rétrécissoit, ou en abandonnant leur rang plutôt que leur direction s'il s'élargissoit; la file de la gauche du premier escadron sera seule chargée d'observer l'intervalle de son escadron au second; & la file de la droite du quatrième escadron sera de même chargée d'observer seule l'intervalle qu'il doit y avoir de son escadron au troisième, en se conformant à ce qui vient d'être prescrit pour chacune des deux files du centre.

Les Dragons de chaque escadron devant s'aligner sur leur guide, auront attention, lorsque les files seront trop ouvertes, de les resserrer du côté de leur guide; & lorsqu'elles seront trop serrées, de les ouvrir du côté opposé.

Les Commandans d'escadron veilleront à l'observation de ce principe, de même que les Officiers-majors qui parcourront de temps en temps la queue de leur escadron, pour donner aux Dragons les instructions nécessaires, mais en observant de leur parler à voix basse.

Si la ligne étoit composée de plus de quatre escadrons, on se conformeroit pour observer l'intervalle du centre de la ligne, aux mêmes principes qui sont prescrits ci-dessus aux second & troisième escadrons, & pour ceux des ailes à ce qui est prescrit aux premier & quatrième escadrons.

S'il arrivoit, en marchant en muraille sur un grand front, que les files se serrassent insensiblement & au point de déranger l'ordre de bataille, on feroit rester en arrière la division qui se trouveroit la plus serrée, & elle reprendroit ensuite sa place par file à mesure qu'on lui feroit jour.

Pour tous les pas obliques, les Dragons s'aligneront obliquement sur la file du côté où l'on se portera, c'est-à-dire, que si l'on se porte vers la droite, on s'alignera à droite, & la file de la droite sera un peu plus avancée que la file de la gauche.

Lorsqu'on voudra faire ouvrir les files à une troupe & les resserrer ensuite, les Dragons s'aligneront de la manière suivante :

Pour ouvrir les files sur la droite, la file de la gauche ne bougera, & tous les Dragons se règleront sur elle, en se portant du côté opposé, pour s'y aligner & s'arrêter à mesure que leur voisin de la gauche fera *halte*, & qu'ils en seront à un pas d'intervalle ; le même point d'alignement servira pour resserrer les files sur la gauche.

Lorsqu'on ouvrira les files sur la gauche, on se conformera aux mêmes principes par les mouvemens contraires.

Lorsqu'enfin on ouvrira les files sur les ailes & qu'on les resserrera ensuite sur le centre, les Dragons se règleront sur le centre.

CHAPITRE 6.

DE LA MARCHE DE CONVERSION.

DANS les quarts de conversion qui se feront par plusieurs troupes ensemble, soit en bataille, soit en colonne, les Dragons s'ébranleront tous en même temps au mot *marche;* ils se règleront sur les deux ailes, savoir, dès qu'ils se seront mis en mouvement, ils regarderont l'aile qui tournera pour proportionner sur cette aile leur mouvement de progression relativement au pivot, sur lequel ils auront souvent l'œil, pour s'y aligner & ne point s'en séparer.

Si la conversion se fait à *droite,* ils porteront imperceptiblement la main à droite, & de manière que chaque Dragon

Dragon dirige les épaules de ſon cheval ſur la ligne circulaire qu'il aura à parcourir, ſans ſerrer ni s'éloigner de ſon voiſin de la droite; ils fermeront la jambe droite & ſoutiendront les hanches de la jambe gauche, ſelon le beſoin.

Dans les demi-converſions qui ſe font un peu légèrement, il arrive pour l'ordinaire que l'aile qui tourne s'ouvre & ſe ſépare de la partie qui ſoutient; c'eſt pourquoi il faut que les Dragons de cette aile aient attention de ſe reſſerrer (environ au quart du mouvement) ſur le côté qui ſoutient, mais avec beaucoup de modération, & en gagnant toujours du terrein en avant pour éviter le déſordre qu'occaſionnent les mouvemens trop viſs & trop à coup.

L'Officier, bas Officier ou Dragon qui ſoutiendra, fera ſon mouvement le plus carrément qu'il ſera poſſible; & ſi la troupe devoit continuer de marcher après un quart ou une demi-converſion, il auroit attention, pour n'être pas en retard, de ſe porter en avant au moment que le mouvement ſeroit prêt d'être achevé.

Les Dragons du ſecond rang ayant plus d'eſpace à parcourir que ceux du premier, à meſure qu'ils ſe trouvent plus près du pivot, exécuteront leur mouvement plus légèrement: ils commenceront par déterminer l'épaule de leurs chevaux à gauche en y portant la main & en fermant la jambe droite pour chaſſer plus ou moins les hanches, ſelon qu'ils ſeront plus ou moins près du pivot; ils les entretiendront en avant de la jambe gauche, ayant attention de diriger toujours les épaules ſur la ligne ciculaire que chacun d'eux aura à parcourir pour arriver ſur ſon chef-de-file.

Les Dragons du côté de l'aile qui tournera, obſerveront de mettre beaucoup de vivacité dans leur mouvement, afin que ceux du côté du pivot, puiſſent agir librement, & ne ſoient point retardés; pour cet effet, dès que le Dragon du ſecond rang qui ſe trouvera à l'aile, ſe ſera déboîté du pivot de la troupe qui lui ſera voiſine, il dépaſſera un peu ſon chef-de-file en ſe portant en dehors juſqu'au moment où le mouvement ſera prêt d'être achevé, qu'il ſe redreſſera alors ſur lui, pour marcher ſur ſa direction ou pour l'emboîtement en bataille.

Pour tous les quarts de converſion qui devront ſe faire ſucceſſivement, par chaque troupe en colonne, on évitera de les faire carrément, & l'on aura attention que le pivot décrive toujours un quart de cercle d'environ cinq pas pour le front d'une demi-compagnie ou diviſion, & pas davantage pour un plus grand front (puiſqu'alors les diſtances entre chaque troupe deviennent plus grandes); en conſéquence, lorſque la première troupe d'une colonne aura fait ſon mouvement, la ſeconde commencera le ſien, trois pas environ avant que ſon premier rang ſoit à la hauteur de la file (qui aura ſoutenu) de la troupe qui la précèdera; c'eſt à quoi les Officiers, Officiers-majors & bas Officiers auront la plus grande attention: par ce principe, le pivot n'ayant rien qui le gêne pour gagner toujours un peu de terrein en avant, c'eſt-à-dire vers le côté où il devra tourner, ne ſera point dans le cas de ſe jeter du côté oppoſé à celui où l'on tournera, & ne retardera point celui de la troupe qui le ſuivra, lequel obſervera la même règle.

Les Dragons de l'aile qui tournera augmenteront toujours leur degré de vîteſſe pour ce quart de converſion, & ſe règleront principalement ſur le Dragon du pivot, qui n'aura d'autre attention pendant ce mouvement que de regarder ſon chef de-file de la troupe qui le précèdera, pour ſe maintenir ſur ſa direction & marcher à ſa diſtance, ſans ſe regler en aucune façon ſur le Dragon de l'aile.

Dès que le Commandant de la diviſion qui devra tourner à ſon tour, aura la tête de ſon cheval à la hauteur de la file (qui aura ſoutenu) de la troupe qui le précèdera, il commandera par abréviation *marche*, alors toute la diviſion tournera du même côté que la troupe qui la précèdera aura tourné, ce qui étant exécuté, cette division se portera en avant sans autre commandement.

Si les divisions de la colonne n'observoient entre elles qu'une demi-distance, on feroit parcourir au pivot de chaque division qui tourneroit, un quart de cercle assez grand pour que deux divisions puissent se trouver en même temps sur le même quart de cercle; au moyen de quoi, il ne seroit point nécessaire d'augmenter les distances pour changer la direction de la colonne.

Lorsqu'on marchera en colonne par deux, trois ou quatre, chaque rang qui devra tourner, se conformera au même principe & sans que jamais le pivot s'arrête.

L'intention de Sa Majesté est qu'on commence par expliquer fort clairement toutes les manœuvres aux Dragons, qu'on les leur fasse d'abord exécuter au pas & lentement, jusqu'à ce qu'ils les conçoivent bien; qu'ensuite on les leur fasse exécuter au trot & plus légèrement à mesure qu'ils seront plus instruits: & qu'enfin on augmente cette légèreté, jusqu'à ce que toutes les manœuvres s'exécutent avec la plus grande célérité.

TITRE 20.

Des Manœuvres de détail.

CHAPITRE 1.er

MONTER À CHEVAL.

Un régiment étant assemblé à rangs ouverts, les Dragons tenant leurs chevaux par la bride & leur tournant le dos, ainsi qu'il est prescrit ci-après au quatrième commandement du *Chapitre 7*, pour mettre pied à terre, on commandera:

1.

Attention.

2.

Préparez-vous pour monter à cheval.

3.

À cheval.

4.

Reprenez vos rangs.

Au deuxième commandement, tous les Dragons feront *demi-tour à gauche*, contenant le sabre de la main gauche; ils prendront ensuite le mousqueton de la main droite à la poignée qu'ils passeront par-dessus l'épaule droite la crosse en bas, & saisiront les rênes à six pouces environ des branches.

Les nombres pairs, reculeront leurs chevaux de la longueur d'un cheval: ils passeront tous les rênes sur le cou, rabattront l'étrier gauche, prendront une poignée de crins de la main gauche, jetant ensuite le bout des rênes en avant, & mettront le pied gauche à l'étrier.

Au troisième commandement, ils monteront tous à cheval, ainsi qu'il est prescrit dans l'instruction d'équitation, & ils reprendront le mousqueton de la main droite à la poignée, pour le porter tout de suite la crosse sur la cuisse droite.

Au quatrième commandement, les Dragons qui se trouveront au second rang, rentreront dans les intervalles du premier; ceux du troisième rang, sans attendre que ceux du quatrième les aient rejoints, se serreront aussi-tôt sur le premier, & ceux du quatrième rang rentreront dans leurs intervalles pour reformer le second rang.

Toutes les fois qu'on exercera une légion ou même un escadron, & qu'étant pied à terre, on voudra faire monter à cheval, les Tambours qui y monteront d'avance, en donneront le signal, après que le Commandant aura fait l'avertissement, *prenez garde à vous pour monter à cheval*, les Tambours battront *à cheval:* alors les Dragons monteront lestement à cheval, & rentreront aussitôt dans leur rang.

CHAPITRE 2.

CHAPITRE 2.

OUVRIR ET SERRER LES RANGS.

LORSQUE les eſcadrons d'une Légion ſeront en bataille, & qu'on voudra leur faire ouvrir les rangs, on commandera :

1.

Attention.

2.

Ouvrez les rangs en avant.

3.

Marche.

Le premier rang ſe portera ſeul en avant, & s'arrêtera après avoir fait quatre pas.

Pour faire ouvrir les rangs en arrière, on commandera :

1.

Attention.

2.

Ouvrez les rangs en arrière.

3.

Marche.

Le premier rang ne bougera, le ſecond rang reculera & s'arrêtera après avoir fait quatre pas.

Pour ſerrer les rangs, on commandera :

1.

Attention.

2.

Serrez les rangs en avant.

3.

Marche.

Le premier rang ne bougera, le ſecond rang ſe ſerrera ſur le premier, en ſe portant quatre pas en avant.

CHAPITRE 3.

RECULER.

LORSQU'ON voudra reculer une troupe qui sera à cheval, on commandera :

1.

Attention.

2.

En arrière.

3.

Marche.

Toute la troupe reculera, mais très-doucement, pour conserver son ensemble, & ne s'arrêtera qu'au mot *halte.*

CHAPITRE 4.

DU DEMI-TOUR À DROITE PAR FILE.

LES Dragons de chaque compagnie s'étant comptés par quatre, ainsi qu'il a été prescrit ci-devant à l'assemblée des compagnies, il sera établi qu'on ne les fera jamais se recompter une seconde fois, pendant tout le temps qu'ils resteront à cheval, quand bien même ils s'en seroient absentés depuis; en conséquence, ceux qui se seront comptés pairs ou impairs, exécuteront toujours ce qui est prescrit pour ces nombres, en supposant encore qu'il s'en trouveroit plusieurs du même nombre à côté l'un de l'autre.

1.

Attention, pour doubler vos files.

2.

Dragons, demi-tour à droite.

3.

Marche.

Au deuxième commandement, les Dragons impairs du premier rang de chaque compagnie se porteront en avant de la longueur d'un cheval, & tous les Dragons pairs du ſecond rang reculeront de la longueur d'un cheval : le Lieutenant de la droite de chaque eſcadron ne changera point de place, mais le Sous-lieutenant reculera ; ce ſera le contraire pour les Officiers de la gauche de chaque eſcadron.

Auſſitôt que les files ſeront doublées, on fera le troiſième commandement *marche*, auquel chaque Dragon fera *demi-tour à droite*, ſans trop précipiter ce mouvement, & faiſant *face* alors en arrière ; ceux qui ſe trouveront au ſecond rang, rentreront dans les intervalles du premier, ceux du troiſième rang (ſans attendre que ceux du quatrième rang les aient rejoint) ſe ſerreront auſſitôt ſur le premier, & ceux du quatrième rang rentreront dans leurs intervalles pour reformer le ſecond rang.

La même règle s'obſervera pour revenir ſur ſes pas : les Dragons qui auront doublé leur file en avant, les doubleront en arrière, puiſqu'ils ſe trouveront alors au ſecond rang, & ceux qui les auront doublés en arrière, les doubleront en avant.

Lorſqu'on voudra faire faire le *demi-tour à droite* par file, à une troupe qui ſera en mouvement, on lui fera faire *halte* avant de le lui faire exécuter ; dès qu'il ſera exécuté, ſi la troupe doit enſuite marcher, on en fera le commandement.

CHAPITRE 5.

Des doublemens de Diviſions.

DOUBLER LES DIVISIONS SUR LE MÊME ALIGNEMENT.

LORSQU'ON voudra augmenter la profondeur des eſcadrons, en diminuant leur front, on fera les commandemens ſuivans :

1.

Attention, pour doubler les diviſions.

2.

Marche.

La ſeconde & la quatrième diviſion de chaque eſcadron, reculeront juſqu'à ce que la tête des chevaux du premier rang ait dépaſſé la croupe des chevaux du ſecond rang des diviſions qui n'auront pas bougé.

3.

Appuyez ſur le centre.

4.

Marche.

La première diviſion de chaque eſcadron appuiera à gauche, pour ſe joindre à la troiſième qui ne bougera, & la quatrième appuiera à droite, pour ſe joindre à la ſeconde. Le Lieutenant de la gauche reprendra ſa place au premier rang, & les Sous-lieutenans ſe placeront ſur l'alignement du troiſième rang.

DÉDOUBLER LES DIVISIONS SUR LE MÊME ALIGNEMENT.

Pour dédoubler les diviſions, on commandera :

1.

Attention pour dédoubler les diviſions.

2.

Marche.

La première diviſion de chaque eſcadron appuiera à droite de tout ſon front, pour démaſquer la ſeconde, & la quatrième diviſion appuiera de même à gauche. Le Sous-lieutenant de la droite & le Lieutenant de la gauche de chaque eſcadron appuieront de même, l'un à droite & l'autre à gauche, pour être à portée de reprendre leur place.

3.

Alignez.

La ſeconde & la quatrième diviſion ſe porteront en avant ſur l'alignement des premières, & les Officiers reprendront leur place.

DOUBLER LES DIVISIONS EN AVANT.

Lorſqu'on ne ſera point obligé de garder ſon même alignement, on préfèrera de doubler les diviſions en marchant en avant; pour cet effet, on commandera :

1. *Attention.*

1.

Attention pour doubler les divisions en avant.

2.

Marche.

La première & la troisième division de chaque escadron, se porteront en avant, ou si la troupe marche, les divisions paires ralentiront leur pas jusqu'à ce qu'elles soient dépassées par les premières ; les deux divisions du centre continuorent de marcher directement en avant, tandis que les deux autres les joindront par le pas oblique.

DÉDOUBLER LES DIVISIONS EN AVANT.

Pour dédoubler les divisions, on commandera :

1.

Attention pour dédoubler les divisions en avant.

2.

Marche.

Les deux divisions du centre de chaque escadron, marcheront directement en avant, & la première ainsi que la quatrième division marcheront le pas oblique vers les ailes ; dès qu'elles seront toutes démasquées, celles qui se trouveront en arrière, se porteront en avant, sur l'alignement des deux autres, au commandement qui en sera fait.

CHAPITRE 6.

BORDER LA HAIE.

POUR border la haie par compagnie, sans rien déranger à la formation des divisions, on fera mettre les escadrons en colonne par compagnie, après quoi on commandera :

1.

Attention.

2.

Sur un rang, formez les divisions.

3.

Marche.

Le ſecond rang de la première diviſion & le premier rang de la ſeconde ne bougeront; le premier rang de la première diviſion appuiera à droite, & le ſecond rang de la ſeconde diviſion appuiera à gauche; le ſecond rang de chaque diviſion ſe portera enſuite en avant ſur l'alignement du premier.

REMETTRE LES DIVISIONS SUR DEUX RANGS.

Lorſqu'enſuite on voudra remettre les diviſions ſur deux rangs, on commandera:

1.

Attention.

2.

Sur deux rangs, formez les diviſions.

3.

Marche.

Le ſecond rang de chacune des première & ſeconde diviſions, reculera; le premier rang de la première diviſion appuiera enſuite à gauche, & le ſecond rang de la ſeconde diviſion appuiera à droite.

On fera enſuite les commandemens néceſſaires pour remettre les eſcadrons en bataille, comme ils étoient avant cette manœuvre.

CHAPITRE 7.

METTRE PIED À TERRE.

POUR faire mettre pied à terre, on commandera:

1.

Attention.

2.

Préparez-vous pour mettre pied à terre.

3.

Pied à terre.

4.

Reprenez vos rangs.

Au deuxième commandement, on paſſera le mouſqueton par-deſſus l'épaule droite: les Dragons doubleront enſuite leur file en avant & en arrière, ainſi qu'il eſt preſcrit au deuxième commandement, du *demi-tour à droite par file ;* après quoi ils prendront une poignée de crins, & dégageront le pied droit de l'étrier.

Au troiſième commandement, tous les Dragons mettront pied à terre, ſe réglant ſur la droite ; ils rabattront enſuite les rênes, & les raccourciront, pour les tenir à pleine main dans la main gauche ; le pouce fermé deſſus, à environ un pied du bouton, la main appuyée ſur le creux de l'eſtomac, la rêne du hors-montoir paſſant ſur le bras, & celle du montoir deſſous, faiſant face à leurs chevaux, qu'ils tiendront de la main droite, par les rênes à ſix pouces au-deſſous des branches du mors.

Au quatrième commandement, ils quitteront les rênes de la main droite, pour prendre le mouſqueton & le replacer à côté de la cuiſſe, après quoi ils feront tous *demi-tour à droite,* tournant le dos à leurs chevaux : les Dragons du premier rang qui n'auront pas quitté leur alignement, & qui ſe trouveront au ſecond rang, s'avanceront pour entrer dans les intervalles du premier rang, & ceux du quatrième rang entreront dans les intervalles du ſecond ; obſervant d'avoir les talons joints autant que les éperons pourront le permettre.

TITRE 21.

Des Manœuvres.

CHAPITRE 1.er

UN RÉGIMENT ÉTANT FORMÉ EN BATAILLE SUR SON QUARTIER D'ASSEMBLÉE, LE ROMPRE PAR QUATRE ou *PAR DEUX, POUR LE METTRE EN MARCHE ET SE RENDRE SUR LE TERREIN OÙ IL DEVRA S'EXERCER.*

On commandera au premier escadron:

1.

Attention.

2.

Par deux ou *quatre.*

3.

Marche.

Si l'on a commandé de marcher par deux, les deux Dragons de l'aile droite du premier rang de la première division, marcheront en avant ou vers la droite, suivant le côté où l'on devra se porter; les autres Dragons du premier rang de cette division, se rompront successivement par deux, pour se porter sur la direction des premiers, & prendre rang dans la colonne, à mesure qu'ils y arriveront; le second rang de la même division se rompra dans le même ordre que le premier, partant du terrein qu'il occupera, ce qui sera répété par toutes les divisions de cet escadron & des suivans.

Si l'on a commandé de marcher par quatre, la même manœuvre se fera de quatre en quatre.

Dans l'un & l'autre cas, s'il restoit des Dragons impairs du premier rang des divisions, ils seroient complétés par les Dragons de la droite du second rang de la même division.

Lorsque le front des divisions sera composé de six, de neuf

neuf ou de quinze hommes, on pourra marcher par trois, au lieu de quatre, se conformant d'ailleurs aux troupes qui auroient la tête de la colonne.

CHAPITRE 2.

SE FORMER EN BATAILLE

EN ARRIVANT SUR LE TERREIN DE L'EXERCICE.

UN régiment marchant en colonne par deux ou par quatre, le former tout de suite en bataille, soit en avant, soit sur la droite ou sur la gauche, on commandera à la tête de la colonne :

1.

Attention.

2.

En avant, ou *sur la droite*, ou *à gauche*. } *en bataille.*

3.

Marche.

Si c'est en avant, les Dragons qui auront la tête de la colonne, après s'être portés quatre pas en avant, feront *halte;* les Dragons qui devront composer le premier rang de la première division, se porteront diagonalement à gauche pour se former successivement à la gauche des premiers; le second rang se formera ensuite, & toutes les divisions de cet escadron & des suivans, se formeront successivement & dans le même ordre, à la gauche les uns des autres, observant les intervalles prescrits entre les escadrons.

Les Commandans de divisions observeront de prendre leur direction en diagonale, de façon à arriver juste à leur place de bataille.

Si on doit se former sur la droite, les Dragons qui auront la tête de la colonne, feront *à droite,* se porteront douze pas en avant, & feront *halte;* ceux qui les suivront, continueront de marcher, & iront se former successivement par un *à droite,* à la gauche des premiers; le second rang se formera ensuite, & toutes les divisions de cet escadron &

des ſuivans, ſe formeront ſucceſſivement & dans le même ordre, à la gauche les unes des autres.

Si au contraire il a été ordonné de ſe former à gauche, les Dragons de la tête de la colonne, qui devront compoſer le premier rang, feront *à gauche*, ſerreront auſſitôt leur file ſur la droite, en ſe portant cinq ou ſix pas en avant, & feront *halte;* les Dragons qui devront compoſer le ſecond rang de cette diviſion, continueront de marcher en avant, pour ſe former par le même mouvement, ſur la direction de leur chef-de-file, & toutes les diviſions de cet eſcadron ſe formeront ſucceſſivement à la gauche les unes des autres; les Commandans des ſecond, troiſième & quatrième eſcadrons, ralentiront leur pas, lorſque celui qui les précèdera, commencera à ſe former, afin de laiſſer l'intervalle néceſſaire.

Le régiment étant formé en bataille ſur le terrein où il devra être exercé, exécutera les manœuvres que le Commandant jugera à propos, en ſe conformant à ce qui ſuit :

CHAPITRE 3.

DES À DROITE, DES À GAUCHE. ET DES DEMI-TOURS À DROITE PAR QUATRE.

ON commandera:

1.

Attention.

2.

à droite ou *à gauche* } *par quatre.*

3.

Marche.

Chaque rang ſe rompra *à droite* ou *à gauche par quatre;* le Dragon de la droite ou de la gauche de chacune de ces petites diviſions, ſoutiendra carrément, & celui de l'aile oppoſée marchera juſqu'à ce qu'il ait achevé le *quart de converſion.*

Les eſcadrons ſe trouveront alors en colonne ſur huit

de front; les Officiers des ailes ſe placeront à la tête ou marcheront en ſerre-file derrière leur eſcadron, ainſi qu'ils ſe trouveront après le mouvement; les Capitaines & Fourriers de ſerre-file, reſteront ſur les flancs, ainſi qu'il a déjà été preſcrit.

On ſe remettra en bataille par le mouvement contraire.

1.

Attention.

2.

Demi-tour à droite par quatre.

3.

Marche.

Chaque rang fera *demi-tour à droite par quatre*, pour faire *face* en arrière, & les Officiers des ailes de chaque eſcadron ſe replaceront à la droite ou à la gauche de leur même rang.

CHAPITRE 4.

DES CONVERSIONS.

ARTICLE 1.er

DU DEMI-QUART DE CONVERSION.

On commandera :

1.

Attention.

2.

Eſcadron, } *Compagnie*, } *Diviſion*, } *demi à droite* ou *demi à gauche.*

3.

Marche.

Si c'eſt *à droite*, la droite de chaque diviſion ſoutiendra, & la gauche marchera juſqu'à ce qu'elle ait fait un *demi-quart de converſion.*

Gn ſe remetttra en bataille par le mouvement contraire, alors la gauche ſoutiendra & la droite marchera.

ARTICLE 2.

DU QUART DE CONVERSION.

On commandera :

1.

Attention.

2.

Escadron, Compagnie, Division, } *à droite* ou *à gauche.*

3.

Marche.

La droite ou la gauche de chaque division soutiendra, & l'aile opposée marchera jusqu'à ce qu'elle ait fait son *quart de conversion.*

ARTICLE 3.

DU QUART DE CONVERSION ET *DEMI.*

On commandera :

1.

Attention.

2.

Escadron, Compagnie, Division, } *à droite & demi* ou *à gauche & demi.*

3.

Marche.

La droite ou la gauche de chaque division soutiendra, & l'aile opposée marchera jusqu'à ce qu'elle ait fait un *quart de conversion & demi.*

ARTICLE 4.

DE LA DEMI-CONVERSION.

1.

Attention.

2. *Escadron.*

2.

Escadron, Compagnie, Division, } *demi-tour à droite* ou *demi-tour à gauche.*

3.

Marche.

La droite ou la gauche de chaque diviſion ſoutiendra, & l'aile oppoſée marchera juſqu'à ce qu'elle ait fini ſa demi-converſion, & qu'elle ſe trouvera alignée avec les autres diviſions.

On ſe remettra en bataille ſur le même terrein, ſi on le juge à propos, en exécutant une ſeconde fois le même mouvement.

ARTICLE 5.

DE LA CONVERSION CENTRALE.

ON commandera :

1.

Attention.

2.

Compagnie, Division, } *ſur le centre à droite* ou *ſur le centre à gauche.*

3.

Marche.

Les deux Dragons du centre du premier rang de chaque diviſion, par laquelle il aura été ordonné de tourner, ſerviront de pivot.

Si le mouvement ſe fait à droite, le demi-rang de la droite fera ſon *quart de converſion* en reculant très-doucement, & le demi-rang de la gauche fera le ſien en avançant, ſe réglant ſur le demi-rang qui reculera.

Ce ſera le contraire, lorſque la converſion ſe fera à gauche.

Les mouvemens ſur le centre ne s'exécuteront que lorſqu'on y ſera forcé par la nature du terrein.

CHAPITRE 5.

ROMPRE UN RÉGIMENT, OU LE FORMER EN COLONNE, DE DIFFÉRENTES MANIÈRES.

ARTICLE 1.er

ROMPRE EN AVANT.

ON commandera :

1.

Attention.

2.

Par brigade, rompez en avant.

3.

Marche.

La première brigade se portera en avant, tandis que la seconde fera un *demi à droite* par escadron, pour se porter ensuite en avant ; & dès qu'elle sera arrivée à la hauteur de la première, elle fera un *demi à gauche* par escadron, pour se former en seconde ligne & suivre la première.

Lorsque les circonstances n'exigeront pas de se rompre par brigade, on préfèrera de se rompre simplement par escadron, compagnie ou division ; pour cet effet, on commandera :

1.

Attention.

2.

Escadron.
Compagnie,
Division, } *rompez en avant,* ou *formez la colonne.*

3.

Marche.

Si le commandement a été pour se rompre par escadron, le premier escradron se portera en avant, tandis que les autres feront chacun un *demi à droite,* pour se porter en avant vers la droite, & marcher ensuite sur la direction du premier escadron, en faisant successivement un *demi à gauche,* à mesure qu'ils prendront leur rang dans la colonne.

S'il a été ordonné de former la colonne, le premier escadron, compagnie ou division se portera de même en avant, tandis que les autres feront chacun un *quart de conversion à droite*, & à mesure qu'ils arriveront à hauteur du premier escadron, ils feront successivement *à gauche* pour marcher sur sa direction.

On observera la même règle pour se rompre ou pour former la colonne par compagnie ou par division.

Si au lieu de marcher directement en avant de la droite, on vouloit marcher en avant du centre, la première troupe se dirigeroit en partant sur le terrein qui lui seroit indiqué, & seroit suivie successivement par toutes les autres.

ARTICLE 2.

ROMPRE EN ARRIÈRE.

QUAND on voudra rompre en arrière, on commandera :

1.

Attention.

2.

Escadron, *Compagnie*, *Division*, } *Rompez en arrière*, ou *Formez la colonne en arrière.*

3.

Marche.

Si le commandement a été pour se rompre par escadron, le premier escadron fera *demi-tour à droite* pour faire *face en arrière*, & marchera ensuite directement devant lui, les autres escadrons feront en même temps chacun un *à droite & demi* par escadron, pour se porter sur la direction du premier escadron, & prendre successivement leur rang dans la colonne, en faisant un *demi à droite* à mesure qu'ils y arriveront.

S'il a été ordonné de former la colonne, le premier escadron exécutera la même manœuvre, mais les autres escadrons feront un *quart de conversion à droite*, pour ensuite ſe porter ſur le terrein qu'occupoit le premier, où en arrivant, ils feront ſucceſſivement un ſecond *à droite* pour marcher ſur ſa direction.

Si le mouvement doit s'exécuter par compagnie ou diviſion, chaque compagnie ou diviſion obſervera la même règle.

On pourra ſe rompre ou former pluſieurs colonnes ſi les circonſtances l'exigent, en ſe conformant aux mêmes principes.

ARTICLE 3.

AUTRE MANIÈRE DE FORMER UN RÉGIMENT EN COLONNE.

LORSQU'ON voudra former un régiment en colonne de pied-ferme, pour le raſſembler en ordre ſerré ou en maſſe, on fera les commandemens ſuivans :

1.

Attention.

2.

Eſcadrons, ou *Compagnies,* } *en avant par échelon, pour former la colonne.*

3.

Marche.

Si l'on doit former la colonne vers la droite par compagnie, la première compagnie du premier eſcadron ſe mettra en mouvement, & marchera directement en avant ; dès que cette compagnie aura fait à peu près douze pas, la ſeconde compagnie dudit eſcadron ſe portera en avant au commandement de l'Officier ; & lorſqu'elle aura parcouru à peu près neuf pas, la première compagnie du deuxième eſcadron ſe mettra en mouvement pour ſe porter auſſi en avant, & ainſi ſucceſſivement des autres de la droite à la gauche.

Dès que la première compagnie du quatrième eſcadron ſe ſera portée en avant à ſon tour, & qu'elle aura fait de même neuf pas, le Commandant du régiment commandera :

4. *Halte.*

4.

Halte.

Si l'on devoit former la colonne vers la gauche, on en feroit mention dans le commandement ; alors la ſeconde compagnie du premier eſcadron ſe mettroit en mouvement dès que la première auroit parcouru neuf pas, & l'on feroit le commandement *halte* dès que la première compagnie du quatrième eſcadron en auroit parcouru ſix.

5.

à droite ou *à gauche* } *par quatre, formez la colonne.*

6.

Marche.

Si on a commandé *à droite*, la première compagnie du premier eſcadron ne bougera, la deuxième compagnie du quatrième eſcadron fera *à droite par quatre*, & ſe portera en avant, dès qu'elle arrivera derrière & à hauteur de la file droite de la première compagnie dudit eſcadron : celle-ci fera *à droite par quatre*, au commandement de l'Officier, pour marcher enſuite en avant avec la ſeconde compagnie, ce qui ſera exécuté ſucceſſivement par toutes les autres compagnies, à meſure que celles qui ſeront à leur gauche, en ſe reployant, arriveront derrière & à hauteur de leur file droite, pour ſe porter & arriver toutes enſemble derrière & à hauteur de la première compagnie du premier eſcadron, où elles feront *halte, face en tête* par un *à gauche par quatre*, & s'aligneront au commandement qui en ſera fait.

Si on a commandé *à gauche*, ce ſera la ſeconde compagnie du quatrième eſcadron qui ne bougera, & toutes les autres feront ſucceſſivement *à gauche par quatre*, pour ſe reployer en colonne en avant les unes des autres, & arriver enſemble ſur la direction de la ſeconde compagnie du quatrième eſcadron qui n'aura point bougé, en ſe conformant aux mêmes principes que ci-deſſus.

Les Officiers & les ſerre-files marcheront à la tête & à la queue de leurs petites colonnes, & ſe placeront ſur le flanc de leur troupe, ainſi qu'il eſt preſcrit pour la marche en ordre ſerré.

Si la ligne étoit composée de plus de quatre escadrons, on pourroit, pour accélérer le mouvement, se mettre en colonne sur la direction du centre; pour cet effet, on feroit faire *demi-tour à droite par quatre* aux escadrons de l'aile gauche, pour prendre leur distance en arrière par compagnie ou escadron, tandis que les escadrons de l'aile droite les prendroient en avant; après quoi on feroit faire *à gauche par quatre,* pour ensuite se porter en avant, & former la colonne: savoir, l'aile droite par un *à droite,* & l'aile gauche par un *à gauche par quatre.*

Si au lieu de prendre des distances pour se former en colonne, comme il vient d'être prescrit, on veut se reployer tout de suite par escadrons, sans aucune préparation, on fera l'avertissement que *tel escadron ne bouge.*

On commandera ensuite:

1.

Escadron, { *à droite (* ou *à gauche)* / ou / *à droite & à gauche* } *par quatre, formez la colonne.*

2.

Marche.

Si c'est *à droite,* le premier escadron qui aura été averti, ne bougera; tous les autres escadrons feront *à droite par quatre,* & se porteront diagonalement & par le chemin le plus court, derrière & sur la direction de l'escadron qui n'aura pas bougé, où en arrivant ils feront successivement *halte, face en tête,* par un *à gauche par quatre,* & s'aligneront au commandement de l'Officier.

Si on a commandé *à gauche,* les escadrons de la droite se porteront en avant de l'escadron de la gauche, ou si l'on a commandé *à droite & à gauche,* ceux de la droite se porteront en avant, & ceux de la gauche en arrière de l'escadron du centre qui n'aura pas bougé.

Quand on voudra exécuter cette manœuvre par file, au lieu de l'exécuter par quatre, on commandera:

1.

Escadron, { *à droite,* / ou / *à gauche,* } *par tête à botte, formez la colonne.*

2.

Marche.

Si c'eſt *à droite;*, le premier eſcadron ne bougera; la file droite de l'un & l'autre rang de chacun des autres eſcadrons, fera un peu plus qu'un *demi à droite*, & ſe portera en avant, ſe dirigeant par le chemin le plus court, ſur le terrein qu'elle devra occuper en colonne; les autres files ſe mettront ſucceſſivement en mouvement, portant la tête de leurs chevaux à côté de la botte du Dragon de leur droite, à meſure qu'il ſe dégagera du rang pour marcher tous enchaînés les uns aux autres; dès que la première file de chaque rang ſera arrivée ſur ſon terrein, elle fera *face en tête* & s'arrêtera, ce qui ſera exécuté ſucceſſivement par toutes les autres files, à meſure qu'elles arriveront, s,alignant enſuite au commandement de l'Officier.

On exécutera la même manœuvre par les mouvemens contraires, lorſqu'on ſe reploiera ſur la gauche.

ARTICLE 4.

ROMPRE PAR QUART DE CONVERSION.

ON fera les commandemens indiqués ci-devant pour le quart de converſion.

ARTICLE 5.

SE ROMPRE SUCCESSIVEMENT.

LORSQU'ON voudra rompre par la droite pour marcher vers la gauche, on commandera:

1.

Attention.

2.

Eſcadron, Compagnie, Diviſion, { *de droite* ou *de gauche,* } *rompez en avant pour marcher vers la gauche* ou *la droite.*

3.

Marche.

La diviſion de la droite ou de la gauche, par laquelle

on devra ſe rompre, marchera en avant environ dix pas, & fera enſuite un *quart de converſion à gauche* ou *à droite*, pour paſſer devant le front du régiment; lorſque cette première diviſion arrivera à peu-près à la hauteur de la cinquième file de la gauche ou de la droite de la ſeconde diviſion, celle-ci ſe mettra en mouvement au commandement de l'Officier, pour marcher en avant juſqu'à la même hauteur que la première, & faire comme elle un *quart de converſion*, pour prendre rang dans la colonne, & ainſi des autres; la première diviſion de chacun des trois derniers eſcadrons obſervant, outre ſa diſtance, l'intervalle d'un eſcadron à l'autre.

CHAPITRE 6.

DIMINUER OU AUGMENTER LE FRONT DE LA COLONNE.

ARTICLE 1.er

DÉDOUBLER LE FRONT.

Le régiment étant en colonne par eſcadrons, on commandera :

1.

Attention.

2.

Dédoublez le front de la colonne.

3.

Marche.

La première compagnie de chaque eſcadron continuera de marcher en avant, & dès que ſon ſecond rang aura dépaſſé le premier rang de la ſeconde compagnie, celle-ci appuiera à droite en marchant, pour ſe porter par le *pas oblique* ſur la direction de la première : ce ſera le contraire lorſque les eſcadrons marcheront en colonne renverſée.

Le régiment étant en colonne par compagnie, dédoublera par diviſion, de la même manière.

Le régiment étant en colonne par diviſion, on commandera à la première diviſion de la colonne :

1.

Attention.

2. *Par quatre.*

2.

Par quatre.

3.

Marche.

Les quatre Dragons de la droite du premier rang marcheront en avant, les autres Dragons du premier rang de cette diviſion ſe rompront ſucceſſivement en avant, par quatre, pour ſe porter obliquement ſur la direction des premiers, & prendre rang dans la colonne, à meſure qu'ils y arriveront; le ſecond rang de la même diviſion ſe rompra ſur le terrein qu'il occupera, dans le même ordre que le premier, & toutes les diviſions ſuivantes exécuteront la même manœuvre, à meſure qu'elles arriveront ſur le terrein où la première ſe ſera rompue.

Le régiment étant en colonne par quatre, on commandera au premier rang de la première diviſion de la colonne:

1.

Attention.

2.

Par deux.

3.

Marche.

Les deux Dragons de la droite du premier rang ſe porteront en avant, & ſeront ſuivis des deux de la gauche; le ſecond rang, & ſucceſſivement tous ceux qui compoſeront la colonne, ſe rompront dans le même ordre, partant du terrein qu'ils occuperont.

Lorſqu'enſuite on voudra défiler, on commandera à la tête de la colonne:

1.

Attention.

2.

Défilez.

3.

Marche.

Le Dragon de la droite du premier rang ſe portera en

avant, & ſera ſuivi de celui de la gauche : les autres rangs ſe rompront ſucceſſivement dans le même ordre, partant du terrein qu'ils occuperont,

ARTICLE 2.

DOUBLER LE FRONT.

LORSQU'APRÈS avoir défilé, on voudra marcher par deux, par quatre, & former enſuite les diviſions ; pendant tout le temps que les rangs doubleront, le premier rang de la colonne, après s'être porté quatre pas en avant, fera *halte*, afin de donner le temps aux derniers Dragons ou aux dernières troupes de la colonne d'arriver à leur diſtance.

1.

Attention.

2.

Par deux.

3.

Marche.

Le ſecond Dragon de la première diviſion doublera à la gauche du premier, le quatrième doublera à la gauche du troiſième, ainſi de tous les nombres pairs ; dès que la première diviſion aura doublé, la ſeconde doublera de même, & ainſi des autres qui continueront de marcher

Le doublement étant fait, & tous les rangs de la colonne étant arrivés à leur diſtance, on commandera à la tête de la colonne (qui aura fait *halte*) de marcher.

1.

Attention.

2.

Par quatre,

3.

Marche.

Les deux Dragons du ſecond tang de la première diviſion, doubleront à la gauche du premier rang ; les deux Dragons du quatrième rang doubleront à la gauche du troiſième rang, ainſi de ſuite.

Dès que la première division aura doublé, la seconde division, & successivement toutes celles de la colonne, doubleront ainsi qu'il vient d'être prescrit ci-dessus.

1.

Attention.

2.

En avant, formez les divisions.

3.

Marche.

Les Dragons qui auront la tête de la colonne, marcheront encore quatre pas, & feront *halte:* tous les Dragons qui devront composer le premier rang de cette division se porteront obliquement à gauche pour se former successivement à la gauche les uns des autres; le second rang se formera dans le même ordre en se serrant sur le premier.

Dès que cette première division sera formée, & que la tête de la division suivante sera arrivé à sa distance, elle se formera dans le même ordre, & ainsi successivement de toutes les autres divisions de la colonne, à mesure qu'elles arriveront à leur distance.

1.

Attention.

2.

En avant, formez les compagnies.

3.

Marche..

La première division de chaque compagnie ralentira un peu son pas, & la seconde division a ppuiera à gauche en marchant, pour se former par le *pas oblique* à la gauche de la première division.

1.

Attention.

2.

En avant, formez les escadrons.

3.

Marche.

Les deux compagnies de chaque eſcadron exécuteront la même manœuvre que ci-deſſus.

CHAPITRE 7.

CHANGEMENS DE DIRECTION EN COLONNE.

ARTICLE I.er

DIRIGER LA TÊTE D'UNE COLONNE VERS LA DROITE ou VERS LA GAUCHE.

ON commandera :

1.

Attention.

2.

Tête de la colonne { *à droite* ou *à gauche*, ou *demi à droite* ou *demi à gauche.* }

3.

Marche.

Le premier eſcadron ou la première diviſion de la colonne, fera un *quart* ou un *demi-quart de converſion, à droite* ou *à gauche,* & ſera ſuivi par tous les autres eſcadrons, qui feront ſucceſſivement leur *quart* ou *demi-quart de converſion,* en ſe conformant à ce qui a été preſcrit ci-devant au *Titre 20, Chap. 6. De la marche de converſion.*

ARTICLE 2.

MARCHER PAR LE FLANC DE LA COLONNE.

Lorſqu'on voudra porter une colonne tout enſemble vers le flanc droit ou vers le flanc gauche, on commandera :

1.

Attention.

à droite,

2.

à droite, ou *à gauche,* } *par quatre.*

3.

Marche.

Toutes les diviſions de la colonne feront *à droite* ou *à gauche par quatre,* & marcheront en avant par le flanc.

Lorſqu'on voudra former la colonne, on commandera:

1.

Attention.

2.

à gauche, ou *à droite,* } *par quatre.*

3.

Marche.

Toutes les diviſions ayant fait *front,* continueront de marcher en colonne.

ARTICLE 3.

MARCHER EN COLONNE INDIRECTE ou BRISÉE.

LORSQU'ON voudra porter la colonne toute enſemble diagonalement vers la droite ou vers la gauche, on commandera :

1.

Attention.

2.

Eſcadron, Compagnie, Diviſion, } *demi à droite* ou *demi à gauche.*

3.

Marche.

Si l'on eſt en colonne par eſcadron, chaque eſcadron fera un *demi à droite,* ou un *demi à gauche,* & ſe portera enſuite directement devant lui, marchant tous à même hauteur.

Le Commandant de chaque escadron observera en marchant, que la file intérieure de son escadron se maintienne plus ou moins vis-à-vis la file extérieure de l'escadron qui le précèdera, & ainsi que cela se trouvera déterminé après le *demi-quart de conversion,* relativement au front des escadrons.

Lorsque la colonne sera arrivée dans cet ordre, sur le terrein où on aura voulu la porter, on commandera :

1.

Attention.

2.

Formez la colonne.

3.

Marche.

Chaque escadron fera alors un *demi-quart de conversion,* pour former la colonne, qui continuera de marcher directement en avant.

Si les circonstances exigent de doubler par deux escadrons de front pour former les brigades, le premier & le troisième escadron ralentiront leur pas ; les second & quatrième escadron feront chacun *demi à gauche*, pour marcher en avant, & se former par un *demi à droite,* l'un à la gauche du premier escadron, & l'autre à la gauche du troisième, observant leur intervalle.

Lorsqu'ensuite on voudra former le régiment en bataille en avant, la première brigade fera *halte,* la seconde brigade fera un *demi à gauche* par escadron, pour aller se former à la gauche de la première & sur le même alignement.

CHAPITRE 8.

DES DIFFÉRENTES MANIÈRES DE FORMER UN RÉGIMENT EN BATAILLE.

LE régiment étant en colonne par escadron à distances ouvertes, on le formera en tel sens que ce soit, en se conformant à ce qui suit.

les

ARTICLE 1.er

SE FORMER EN BATAILLE EN AVANT.

ON commandera :

1.

Attention.

2.

En bataille en avant.

3.

Marche.

Le premier eſcadron ſe portera huit pas en avant & ſera *halte;* le ſecond, le troiſième & le quatrième eſcadron feront chacun un *demi à gauche,* plus ou moins, pour ſe porter diagonalement vers la gauche (le ſecond eſcadron marchant au grand pas, le troiſième au trot & le quatrième au galop) & ſe former ſucceſſivement en bataille par un *demi à droite,* à la gauche les uns des autres, en obſervant l'invervalle preſcrit.

Le régiment étant en colonne par compagnie, diviſion, &c. pourra être formé tout de ſuite en bataille, ſi on le juge à propos, ſans qu'il ſoit toujours néceſſaire de former auparavant les diviſions, compagnies & eſcadrons.

Si au lieu d'arriver ſur la droite du terrein où l'on auroit à ſe mettre en bataille en avant, on y arrive par la gauche, on dirigera d'avance, s'il n'y a point d'obſtacle, la tête de la colonne ſur le point où l'on voudra placer la droite, & lorſqu'elle y ſera arrivée, on ſe mettra en bataille ſur ſon alignement; mais lorſqu'une colonne quelconque arrivera ſur l'alignement & par le centre du terrein où elle aura à ſe mettre en bataille en avant, on dirigera la tête de la colonne à droite, par telle manœuvre qu'on jugera à propos, pour faire longer les premières diviſions juſque ſur le terrein où on voudra les porter, & lorſqu'elles y ſeront arrivées, elles ſe mettront en bataille par un *à gauche,* tandis que les diviſions qui n'auront point encore changé leur direction, ſe formeront en avant ſur l'alignement des premières, ainſi qu'il eſt dit ci-deſſus.

Quand on marchera en colonne renverſée, on ſuivra les mêmes principes par des mouvemens contraires.

ARTICLE 2.

AUTRE MANIÈRE DE SE FORMER EN AVANT.

LORSQU'UN régiment marchera en colonne par compagnie en ordre ſerré, & qu'on voudra le mettre en bataille en avant, après le commandement *à gauche par quatre, en bataille en avant*, la première compagnie ſe portera huit pas en avant & fera *halte;* toutes les autres compagnies feront en même temps *à gauche par quatre*, & ſe porteront en avant, ſerrant leurs colonnes près l'une de l'autre, pour longer plus directement ſur le terrein où elles devront ſe former; & à meſure qu'elles y arriveront, elles ſe remettront *face en tête* par un *à droite par quatre*, pour enſuite s'aligner ſur leur droite, au commandement *alignez.*

On pourra auſſi ſe mettre en bataille en avant par la manœuvre de *tête à botte;* mais il faut la faire exécuter fort doucement dans les commencemens.

Au commandement *tête à botte, en bataille en avant*, la première compagnie ſe portera de même huit pas en avant & fera *halte;* le Dragon de la gauche de chaque rang de toutes les autres compagnies, fera un *demi à gauche* & ſe portera en avant, ſe dirigeant ſur le terrein qu'il devra occuper en bataille; il ſera ſuivi par le ſecond Dragon du même rang, qui portera la tête de ſon cheval au flanc du premier à côté de la botte du Dragon; le troiſième ſuivra de même le ſecond, & ſucceſſivement tous ceux du même rang, qui s'enchaîneront les uns aux autres.

Lorſque le premier Dragon de chaque rang arrivera ſur le terrein qu'il devra occuper en bataille, il fera *face en tête* & *halte*, & tous ceux du même rang en feront ſucceſſivement de même, en ſe ſerrant les uns ſur les autres, à meſure qu'ils arriveront.

Si l'on marchoit en colonne renverſée, on exécuteroit les mouvemens contraires, pour ſe déployer de gauche à droite.

ARTICLE 3.

ARTICLE 3.

SE FORMER EN BATAILLE SUR LA DROITE.

QUAND on voudra former le régiment en bataille ſur la droite, ſans rien changer à ſon ordre naturel, on commandera :

1.

Attention.

2.

En bataille ſur la droite.

3.

Marche.

Si le régiment eſt en colonne par eſcadrons, le premier eſcadron ſera un *quart de converſion à droite*, marchera douze pas en avant & fera *halte ;* le ſecond eſcadron marchant toujours directement devant lui, fera de même un *quart de converſion à droite*, dès que ſon premier rang aura dépaſſé la file de la gauche du premier eſcadron, de la moitié du front d'un eſcadron, & il ſe portera enſuite ſur l'alignement du premier eſcadron, où il fera *halte ;* les autres eſcadrons exécuteront ſucceſſivement la même manœuvre, ſe réglant ſur celui qui les précèdera.

Si le régiment eſt en colonne par compagnie, diviſion, &c. toutes les diviſions ſe formeront ſucceſſivement de même, en obſervant l'intervalle entre les eſcadrons.

Lorſqu'on marchera en colonne renverſée, on ſe formera ſur la gauche, en ſuivant les mêmes règles que ci-deſſus, pour ſe former ſur la droite.

ARTICLE 4.

SE FORMER EN BATAILLE PAR QUART DE CONVERSION.

SI au lieu de former le régiment ſucceſſivement en bataille ſur la droite, on veut le former par un *à droite* ou par un *à gauche par troupe*, on commandera :

1.

Attention.

2.

Eſcadrons à droite en bataille.

ou

Eſcadron, Compagnie, Diviſion, } *à gauche en bataille.*

3.

Marche.

Chaque eſcadron fera un *quart de converſion à droite.*

Ou, ſi c'eſt *à gauche*, chaque diviſion de la colonne, fera un *quart de converſion à gauche.*

ARTICLE 5.

SE FORMER OBLIQUEMENT EN AVANT.

LORSQU'ON voudra former le régiment obliquement en bataille, par rapport à la direction qu'il aura étant en colonne, on commandera :

1.

Attention.

2.

Eſcadron, Compagnie, Diviſion, { *demi à gauche,* ou *demi à droite,* } *en bataille en avant.*

3.

Marche.

Si c'eſt ſur la gauche, tous les eſcadrons, &c. feront un *demi-quart de converſion à gauche*, après lequel le premier eſcadron fera *halte*, & les autres eſcadrons ſe porteront enſuite en avant ſur l'alignement du premier.

Si c'eſt à droite, on exécutera les mouvemens contraires.

ARTICLE 6.

SE FORMER EN BATAILLE EN ARRIÈRE.

LORSQU'UN régiment ſera en colonne, & qu'on voudra le former en bataille en arrière, on commandera :

1.

Attention.

2.

En bataille en arrière.

3.

Marche.

Le quatrième eſcadron, s'il ſe trouve avoir la queue de la colonne, fera *demi-tour à gauche,* ſe portera huit pas en avant, & fera *halte:* les autres eſcadrons feront en même temps chacun un *à gauche & demi,* pour venir diagonalement ſe former ſucceſſivement à la droite les uns des autres, ſe conformant d'ailleurs à ce qui eſt preſcrit ci-devant pour former un régiment en bataille en avant.

Dans le cas où le régiment marcheroit en colonne renverſée, & que le premier eſcadron auroit la queue de la colonne, on exécuteroit cette manœuvre par des mouvemens contraires, puiſqu'alors les eſcadrons qui auroient la tête de la colonne, devroient ſe porter vers leur droite pour former le régiment dans ſon ordre naturel.

Lorſqu'on aura à ſe mettre en bataille ſur un terrein plus reculé que celui qu'on occupera en colonne, on fera faire une *demi-converſion* à chaque troupe de la colonne, pour ſe porter juſque ſur le terrein qu'on voudra occuper, & ſe mettre enſuite en bataille en avant.

CHAPITRE 9.

DES CHANGEMENS DE FRONT.

QUAND on voudra changer le front d'un régiment en bataille, on ſe conformera à ce qui ſuit :

ARTICLE 1.er

CHANGER LE FRONT SUR LA DROITE ou *SUR LA GAUCHE.*

ON commandera :

1.

Attention.

2.

Escadrons, { *à droite,* ou *à gauche,* } *en bataille en avant.*

3.

Marche.

Si c'est à droite, le premier escadron fera *à droite* & *halte,* les autres escadrons feront en même temps chacun un *demi-quart de conversion à droite,* pour se porter en avant & se former successivement sur l'alignement du premier escadron.

Si c'est à gauche, on exécutera les mouvemens contraires.

ARTICLE 2.

CHANGER LE FRONT OBLIQUEMENT SUR LA DROITE ou *SUR LA GAUCHE.*

SI au lieu de faire entièrement *face* à l'un des flancs, on ne veut y faire *face* qu'obliquement, on commandera :

1.

Attention.

2.

Escadrons, { *demi à droite* ou *demi à gauche* } *en bataille en avant.*

3.

Marche.

Tous les escadrons feront un *demi-quart de conversion à droite* ou *à gauche,* après lequel l'escadron de la tête fera *halte,*

halte, & tous les autres eſcadrons ſe porteront enſuite en avant ſur ſon alignement.

Dans le cas où il ſeroit néceſſaire de changer de front ſans rompre l'ordre de bataille, on feroit faire à toute la ligne, une *portion de converſion*, pour avancer la droite ou la gauche ſur le point déterminé.

ARTICLE 3.

RECULER L'UNE DES AILES.

LORSQU'ON voudra reculer l'une des ailes, ſi c'eſt l'aile droite, on commandera :

1.

Attention.

2.

Eſcadrons, à gauche & demi, en bataille en avant.

3.

Marche.

Tous les eſcadrons feront un *quart de converſion & demi à gauche*, après lequel l'eſcadron de la tête fera *halte*, & tous les autres ſe porteront en avant ſur ſon alignement.

On commandera enſuite une *demi-converſion* par eſcadron, pour faire *face en tête.*

On pourra encore faire exécuter cette manœuvre de la manière ſuivante :

On fera faire à chaque eſcadron une *demi-converſion par diviſion* ou *par quatre ;* après quoi on commandera : *Eſcadron, demi à droite en bataille en avant ;* ce qui étant exécuté, on fera *face en tête* par une ſeconde *demi-converſion par diviſion* ou *par quatre.*

On exécutera les mouvemens contraires pour reculer la gauche.

ARTICLE 4.

CHANGER LE FRONT SUR LE CENTRE.

LORSQU'ON voudra changer de front ſur le centre, ſi c'eſt à droite, on fera faire *demi-tour à gauche par compagnie, diviſion* ou *par quatre*, aux eſcadrons de l'aile droite ; après quoi les deux escadrons du centre, feront ensemble un *à droite* ou un *demi à droite* sur le centre : ceux des ailes feront en même temps chacun un *demi à droite*, pour se porter en avant sur l'alignement des escadrons du centre, où ils feront un second *demi à droite* en y arrivant : les escadrons de l'aile droite feront ensuite *face en tête* par un second *demi-tour à gauche par compagnie, division* ou *par quatre.*

Si la ligne étoit formée en muraille, on feroit cette demi-conversion *à droite*, au lieu de la faire *à gauche.*

CHAPITRE 10.

CHANGEMENS DE POSITION.

LORSQU'ON voudra changer la position d'un régiment en bataille, on pourra le faire sur le même alignement, ou diagonalement en avant de la droite ou de la gauche.

Si c'est sur le même alignement, on commandera *à droite* ou *à gauche par quatre*, & dès qu'après avoir marché par le flanc, on sera arrivé sur le terrein qu'on voudra occuper, on fera faire *face en tête* par les mouvemens contraires.

Si on veut porter le régiment diagonalement en avant de la droite ou de la gauche, on commandera :

1.

Attention.

2.

Escadron, ou *Compagnie,* } *demi à droite* ou *demi à gauche.*

3.

Marche.

Si on a commandé un *demi à droite*, chaque escadron ou compagnie, après l'avoir achevé, se portera en avant; ou s'il a été commencé de pied-ferme, on commandera une seconde fois *marche ;* alors toute la ligne marchera diagonalement en avant, en ordre de bataille brisé ou indirect, jusque sur le terrein où on voudra la porter.

Après quoi on commandera :

1.

Attention.

2.

Demi à gauche en bataille.

3.

Marche.

Chaque efcadron ou compagnie fe remettra en bataille, faifant *face en tête* par un *demi à gauche*, après lequel on commandera *halte.*

CHAPITRE II.

DE L'ORDRE OBLIQUE PAR ÉCHELONS.

LORSQU'ÉTANT en bataille, on voudra difpofer chaque efcadron ou divifion quelconque en avant l'une de l'autre, par échelons en ordre oblique, on fera les commandemens fuivans :

1.

Attention.

2.

Efcadron, &c. } *par échelons, formez l'ordre oblique.*

3.

Marche.

Au troifième commandement, le premier efcadron fe portera directement en avant ; le fecond efcadron fe mettra en mouvement, pour marcher auffi en avant, dès que le premier efcadron l'aura dépaffé du front d'un efcadron & deux ou trois pas de plus, & fe portera un peu fur la droite, jufqu'à ce que fa file droite foit prefque à hauteur de la file gauche du premier efcadron.

Le troifième efcadron fe mettra enfuite en mouvement, & fucceffivement le quatrième ; obfervant la même règle par rapport à l'efcadron qui les précèdera.

On fera le commandement *halte* dès que l'ordre oblique fera formé, ou l'on continuera de fe porter en avant, fi on le juge à propos.

Si on vouloit former l'ordre oblique en avant de la gauche, on en feroit mention dans le commandement, & l'on exécuteroit par la gauche ce qui vient d'être prescrit pour la droite.

Lorsqu'en marchant en colonne, on voudra former l'ordre oblique, on fera les commandemens suivans:

1.

Attention.

2.

Escadrons, { *sur la gauche* ou *sur la droite* } *par échelons, formez l'ordre oblique.*

3.

Marche.

Si c'est sur la gauche, le premier escadron continuera de se porter en avant, en ralentissant son pas; les autres escadrons feront un *demi à gauche,* plus ou moins, pour marcher en avant, & à mesure qu'ils arriveront, & que leur file droite aura dépassé d'environ deux pas la direction de la file gauche de l'escadron qui les précèdera, ils feront successivement un *demi à droite,* après lequel ils marcheront en avant; observant deux ou trois pas environ de distance de plus que le front d'un escadron.

L'ordre oblique étant formé, tous les escadrons marcheront le même pas au commandement qui en sera fait, ou feront *halte.*

Lorsqu'on voudra exécuter cette manœuvre de pied-ferme, on fera serrer les escadrons, pour n'observer de distance entre eux que le front d'un escadron & cinq ou six pas de plus environ; tous les escadrons, excepté le premier de la colonne, qui ne bougera, feront ensuite *à gauche par quatre,* pour marcher vers le flanc, & à mesure qu'ils dépasseront celui de leur droite, ils feront successivement *halte, front,* par un *à droite par quatre,* & s'aligneront.

On pourra donner moins d'obliquité à cet ordre, si on le juge à propos, pour embrasser moins de terrein; dans ce cas, on commandera de ne former l'ordre que *demi-oblique,* & chaque escadron observera alors d'avoir sa file intérieure à hauteur du centre de l'escadron qui les précèdera, & de

& de garder quatre ou cinq pas de diſtance de moins qu'il ne doit en obſerver en colonne.

Pour former l'ordre oblique ſur la droite, on exécutera les mouvemens contraires.

Cet ordre étant mitoyen entre l'ordre de bataille & la colonne, ſera ſuſceptible de pluſieurs avantages; 1.° celu de refuſer une aile; 2.° de prendre l'ennemi en flanc, en ſe mettant en bataille par un *demi-quart de converſion* ſur le terrein qu'on occupera alors; 3.° d'être préparatoire pour ſe mettre en bataille en avant; 4.° enfin celui de ſe mettre en colonne ſuivant que les circonſtances peuvent l'exiger.

Lorſqu'on voudra changer l'ordre oblique en ordre de bataille en ligne, ſi c'eſt ſur le même terrein, chaque eſcadron fera un *demi-quart de converſion;* ſi c'eſt en avant, les derniers eſcadrons ſe porteront légèrement en avant ſur l'alignement du premier, obſervant leur intervalle ordinaire; ſi au contraire, on veut ſe former en colonne, ils ſe porteront diagonalement les uns derrière les autres juſqu'à la hauteur du premier eſcadron de la colonne, pour marcher enſuite ſur la même direction; ou, ſi c'eſt de pied-ferme, ils ſe reployeront tous par un *à droite par quatre*, pour former la colonne derrière l'eſcadron de la tête qui ne bougera.

CHAPITRE 12.

SERRER ET OUVRIR L'ORDRE DE BATAILLE.

ARTICLE 1.er

MARCHER EN MURAILLE.

LORSQU'EN marchant en bataille, on voudra ſerrer les eſcadrons ſur le centre du régiment pour marcher en muraille, on commandera:

1.

Attention.

2.

Eſcadrons en muraille.

3.

Marche.

Les deux eſcadrons de la droite appuieront à gauche en

marchant, & les deux eſcadrons de la gauche appuieront à droite, pour ne laiſſer entre eux que deux pas d'intervalle, après quoi ils ſe porteront directement en avant

ARTICLE 2.

OUVRIR LES INTERVALLES.

QUAND on voudra faire obſerver les intervalles, on commandera :

1.

Attention.

2.

Eſcadrons, ouvrez les intervalles.

3.

Marche.

Les deux eſcadrons de la droite appuieront *à droite,* & les deux eſcadrons de la gauche appuieront *à gauche,* juſqu'à ce qu'ils aient entr'eux l'intervalle preſcrit.

Pour parvenir à exécuter cette manœuvre avec préciſion, & n'être pas dans le cas de revenir ſur ſes pas pour avoir embraſſé trop de terrein, la file de la gauche du ſecond eſcadron (autrement dit *le guide*), & la file de la droite du troiſième eſcadron qui ſe trouveront au centre du régiment, auront attention, dès qu'ils jugeront qu'ils ſeront aſſez éloignés l'un de l'autre, de ne plus appuyer vers les ailes du régiment, mais de ſe porter alors directement en avant, ſans avoir égard aux Dragons qui pourroient s'éloigner d'eux.

La file de la gauche du premier eſcadron, & la file de la droite du quatrième eſcadron, auront ſeules la même attention, l'une par rapport au deuxième, & l'autre par rapport au troiſième eſcadron, chacune de ces files devant être le guide de ſon eſcadron, ſervira de point d'alignement aux Dragons, qui obſerveront ce qui a été preſcrit à cet égard au *Titre 20, chapitre 5; de la Marche en bataille.*

CHAPITRE 13.

DE LA CHARGE.

ARTICLE 1.er

DE LA CHARGE CONTRE LA CAVALERIE.

TOUT escadron qui devra charger l'ennemi, le fera avec succès lorsqu'il attaquera le flanc de l'escadron qui lui sera opposé, ou qu'il y suppléera par la plus grande rapidité.

Pour marcher à l'ennemi, le Commandant après avoir fait mettre le sabre à la main, commandera :

1.

Prenez garde à vous, pour charger.

2.

Marche.

Les Dragons ébranleront leurs chevaux *au pas*, on commandera ensuite *au trot ;* & lorsque la troupe ne sera plus qu'à cent cinquante pas environ de l'ennemi, on commandera *au galop ;* alors les Tambours battront *la charge,* & les Dragons mettront leurs chevaux au galop, observant de se tenir toujours serrés & alignés pour arriver en bon ordre ; lorsqu'il ne seront plus qu'à vingt pas environ de l'ennemi, le Commandant d'escadron criera *à moi ;* à ce signal, les Dragons feront *haut le sabre,* & serreront la botte vigoureusement pour arriver brusquement à l'ennemi & le charger à coup de sabre, s'élevant sur leurs étriers.

Si l'on parvient à repousser l'ennemi, le Commandant d'escadron détachera, s'il le juge nécessaire, la division de la droite ou de la gauche de son escadron, ou les deux ensemble, pour les poursuivre & les empêcher de se rallier.

La charge finie, le Commandant fera faire *halte* pour reformer les escadrons, & ordonnera aux Tambours de *rappeler* pour faire rentrer les divisions qui seroient à la poursuite des ennemis ; le Commandant d'un corps ne devant jamais perdre de vue qu'un des avantages le plus essentiel, un jour de combat, est de se rallier le plus promptement possible, pour être toujours en état de faire face à l'ennemi, ou d'attaquer les nouvelles lignes qui pourroient se présenter.

ARTICLE 2.

DE LA CHARGE CONTRE L'INFANTERIE.

LORSQU'ON devra charger de l'Infanterie, on se disposera en colonne.

On placera à la tête de la colonne une troupe de Dragons destinés à tomber en fourrageurs sur l'Infanterie.

Ces dispositions étant faites, on s'ébranlera *au pas*, ensuite *au trot;* & lorsque la tête de la colonne ne sera plus qu'à trois cents pas, les Dragons de la tête s'abandonneront en fourrageurs sur l'ennemi, & seront suivis immédiatement *au galop* par toute la colonne qui augmentera de vîtesse en arrivant sur l'ennemi, pour le charger & pénétrer leur ligne.

Si la tête de la colonne parvient à traverser la ligne des ennemis, elle fera *halte*, pour se rallier, tandis, que les autres troupes de la colonne tourneront à droite & à gauche, en pénétrant dans la ligne pour la prendre en flanc & achever d'y mettre le désordre: elles se rallieront ensuite le plus promptement possible, pour se mettre en état d'attaquer les autres troupes qui pourroient se présenter.

Au lieu de cette disposition, on pourroit, suivant les circonstances, former *l'ordre oblique*, & sur-tout dans le cas où il y auroit à craindre que la colonne ne fût enfilée par le canon, chaque troupe se trouvant alors démasquée, n'auroit aucun empêchement pour se porter en avant, malgré le désordre qui pourroit arriver dans celle qui la précéderoit.

Si l'infanterie ennemie étoit en colonne ou bataillon carré, on dirigeroit l'attaque sur l'un des angles, comme étant les parties les plus foibles.

CHAPITRE 14.

METTRE PIED À TERRE POUR COMBATTRE.

QUAND il ſera néceſſaire de faire mettre *pied à terre* aux Dragons pour combattre, le Commandant détachera une troupe ſuffiſante, commandée par le Quartier-maître, ou le moins ancien Officier, pour la garde des chevaux; il fera enſuite ſerrer les eſcadrons ſur le centre du régiment pour ne laiſſer entre eux que ſix pas d'intervalle, après quoi il fera cet avertiſſement:

Prenez garde à vous pour coupler vos chevaux.

Cet avertiſſement ſervira aux Dragons deſtinés à conduire les chevaux, pour ne point mettre pied à terre; on commandera enſuite:

1.

Préparez-vous pour mettre pied à terre.

2.

Pied à terre.

Les deux Dragons du centre de chaque diviſion reſteront à cheval, & tous les autres mettront *pied à terre,* ainſi qu'il eſt preſcrit ci-devant aux *manœuvres de détail.*

3.

Reprenez vos rangs.

Tous les Dragons reprendront leur rang, & attacheront leurs chevaux par les rênes de la bride, au montant de la têtière du cheval qui ſera vers le centre de la diviſion, faiſant le nœud de façon que la bride embraſſe la muſerolle & le montant de la têtière, le bout des rênes paſſé dans la boucle du nœud, & le cheval attaché à un bon pied de longueur.

Les Dragons du centre de chaque diviſion, qui ſeront reſtés à cheval, prendront les rênes du cheval de leur voiſin qui aura mis pied à terre; celui de la droite conduira les chevaux de la droite, & celui de la gauche conduira ceux de la gauche; ils croiſeront leurs rênes dans la main dont ils mèneront leurs chevaux, & prendront de la même main le bout des rênes du cheval de main, le ſoutenant de l'autre main près du mors, les ongles en-deſſus.

Les Dragons ayant attaché leurs chevaux, feront *face en tête*, décrocheront le mouſqueton, le porteront, & les Officiers mettront le ſabre à la main.

On pourra, ſuivant les circonſtances, ſe mettre en colonne par eſcadron, compagnie ou diviſion, pour mettre *pied à terre*, & préſenter moins de front.

4.

Dragons, en bataille.

Les Dragons du premier rang marcheront en avant pour ſe former ſur le terrein qui leur ſera indiqué, & ceux du ſecond rang, paſſant par les ailes de leurs eſcadrons, iront ſe former derrière eux, ſavoir, ceux de la compagnie de la droite de chaque eſcadron, en défilant par la droite, & ceux de la compagnie de la gauche, en défilant par la gauche.

Si l'on a mis pied à terre en colonne, les Dragons ſortiront de leur intervalle, pour ſe former tout de ſuite en avant.

Les Dragons étant formés, les Officiers & Maréchaux-des-logis prendront les places qui leur ſont indiquées ci-après dans la *Formation à pied.*

Le régiment étant prêt à marcher, le Commandant fera exécuter les différentes manœuvres ou feux qu'il jugera à propos, ſe conformant à cet égard, à ce qui eſt preſcrit ci-après pour les *manœuvres à pied des Dragons.*

Lorſque le Commandant voudra faire remonter à cheval, il fera faire *demi-tour à droite*, & la troupe étant arrivée à quinze pas environ des chevaux, il commandera:

Dragons, à cheval.

A ce commandement, le ſecond rang, qui ſe trouvera alors le premier, ira rejoindre ſes chevaux par le côté de l'eſcadron, où il ſera venu ſe mettre en bataille; & le premier rang, qui ſera le ſecond, continuera de marcher devant lui; on aura attention d'approcher les chevaux avec précaution, pour ne point les épouvanter, & éviter le déſordre qui en réſulteroit.

Lorſque les Dragons ſeront arrivés à leurs chevaux, ils

accrocheront le mousqueton & le passeront sur l'épaule droite; ils détacheront ensuite leurs chevaux, & monteront à cheval ainsi qu'il est prescrit ci-devant; ce qui étant exécuté, on sera reprendre les intervalles aux escadrons, ou, si l'on est en colonne, on se mettra en bataille par un *quart de conversion.*

Si l'on étoit obligé de se battre en retraite en rejoignant ses chevaux, la troupe qui seroit restée à cheval s'avanceroit pour protéger le régiment & faire tête aux ennemis, le Commandant détacheroit s'il le jugeoit nécessaire, un escadron ou deux pour aller légèrement rejoindre ses chevaux & revenir ensuite secourir le reste du régiment.

Lorsque les Dragons d'une légion se trouveront obligés de faire des mouvemens rétrogrades, & qu'ils auront un pont, un bois ou autre défilé à passer, le Commandant détachera d'avance un nombre suffisant de Dragons pour aller légèrement mettre pied à terre & s'emparer du défilé; dans ce cas, sur trois Dragons, il en restera un à cheval pour mener en main & sauver au-delà du défilé, les chevaux des Dragons qui auront mis pied à terre.

CHAPITRE 15.

DE LA RETRAITE.

LORSQU'ON sera dans le cas de faire des mouvemens rétrogrades, on fera marcher environ vingt-cinq pas en avant, la compagnie de la droite de chaque escadron, pour former une première ligne, qui se serrera sur son centre en marchant pour observer un ordre de bataille, tant plein que vide; après quoi la compagnie de la gauche fera *demi-tour à droite par division,* par quatre ou par file, au choix du Commandant; le Capitaine de serre-file de chaque escadron s'étant placé à la tête de sa compagnie, marchera au petit trot jusqu'à cent pas environ derrière la première ligne, où il se remettra *face en tête* par un second *demi-tour à droite,* se plaçant vis-à-vis des intervalles de la première ligne.

Dès que la seconde ligne se sera formée, la première ligne fera les mêmes mouvemens & marchera au petit trot pour paſſer dans les intervalles de la ſeconde ligne, la première compagnie qui ſe trouvera alors à la gauche de la première ligne, obſervant de paſſer en dehors des intervalles de la deuxième ligne : lorſque la première ligne ſera prête d'arriver dans les intervalles de la ſeconde, celle-ci ſe portera dix ou douze pas en avant & fera *halte*, juſqu'à ce que la première ligne ſe ſoit reformée à cent pas environ derrière elle ; alors elle fera *demi-tour à droite*, pour ſe retirer dans le même ordre derrière la première ligne, & ſucceſſivement autant de fois que les circonſtances l'exigeront.

Quand le nombre d'eſcadrons ſera aſſez conſidérable pour être formé ſur deux lignes, on exécutera cette manœuvre par eſcadron au lieu de le faire par compagnie, en ſe conformant de même à ce qui vient d'être preſcrit ci-deſſus, pour replier ſucceſſivement une ligne derrière l'autre :

On détachera des eſcadrons, les tirailleurs néceſſaires qui ſe porteront en avant pour occuper les ennemis & favoriſer la retraite.

CHAPITRE 16.

SIMULACRE DE DÉSORDRE DANS LE COMBAT.

LORSQUE les eſcadrons marcheront en bataille, on les exercera quelquefois à laiſſer en chemin pluſieurs Dragons, qui ſeront cenſés mis hors de combat ; & on ſuivra à cet égard tout ce qui eſt preſcrit ci-devant pour l'Infanterie.

CHAPITRE 17.

DISPOSITIONS D'UNE AVANT-GARDE.

LES avant-gardes ſe tiendront à cent pas au plus de la troupe qu'elles précèderont : elles pouſſeront devant elles & ſur les flancs, les Dragons néceſſaires pour éclairer la marche.

Le Commandant fera d'ailleurs les diſpoſitions qu'il croira

croira nécessaires relativement à la nature du terrein qu'il aura à parcourir.

S'il marche à l'ennemi dans un pays ouvert, il ne doit avoir en avant de lui que quelques tirailleurs, le reste de la troupe doit marcher en bon ordre.

S'il est obligé de passer un ruisseau, un ravin profond, un chemin croisé ou couvert, des haies aboutissantes à des bois, un défilé, &c. il doit faire fouiller le terrein & ne point trop aller en avant qu'il n'ait été bien reconnu.

Lorsqu'il marchera dans un pays fourré, il laissera quelques Dragons entre l'avant-garde & la troupe, postés de distance en distance & à vue, pour que la troupe ne prenne point un autre chemin.

Ces avant-gardes seront plus fortes pendant la nuit, elles seront suivies de près par la troupe, & alors elles marcheront toujours le sabre à la main, afin que si elles rencontroient l'ennemi, elles puissent le charger subitement & sans lui donner le temps de se reconnoître.

Ces avant-gardes rejoindront leur troupe, lorsqu'elles en auront reçu l'ordre du Commandant.

CHAPITRE 18.

DISPOSITIONS D'UNE ARRIÈRE-GARDE.

LES arrière-gardes se tiendront pareillement à cent pas au plus derrière la troupe; elles se feront suivre à trente pas par un nombre de Dragons nécessaires, pour être informées de ce qui viendroit derrière elles; elles se rapprocheront de la troupe lorsqu'elles marcheront la nuit, & les Dragons qui les suivront, se tiendront à dix pas derrière elles.

CHAPITRE 19.

DE LA PETITE GUERRE.

POUR exercer les Dragons à la petite guerre, & leur en donner l'intelligence, on placera une division ou une compagnie vis-à-vis d'une autre, à deux ou trois cents pas de diſtance environ.

Le Commandant de chacune de ces troupes, détachera devant lui un quart de rang aux ordres d'un Brigadier ou Maréchal-des-logis, qui détachera auſſi devant lui la moitié de ſon monde pour faire le coup de piſtolet.

L'un & l'autre Commandant ayant fait leurs diſpoſitions, mettront leurs diviſions en mouvement; l'une ſera l'attaquante, tandis que l'autre ſera cenſée être ſur la défenſive: on obſervera toujours à peu-près la même diſtance entre ces deux troupes, afin d'éviter la confuſion.

Les hommes détachés en avant, combattront ſeuls, diſperſés; le Brigadier ou Maréchal-des-logis, aura attention d'aller à propos à leur ſecours, & le Commandant de la troupe veillera à la ſûreté de celui-ci.

Les Tirailleurs qui auront été mis en fuite, ſe rallieront derrière le Brigadier ou Maréchal-des-logis, qui les fera remplacer tout de ſuite par un pareil nombre.

Le Commandant de la troupe qui fera ſa retraite, la fera légèrement; il fera *front* de temps en temps, pour favoriſer la retraite de ſes Tirailleurs, qui ne s'engageront point trop avant ſur les attaquans, mais ils y feront quelques pointes, pour leur en impoſer & ſe retirer enſuite avec plus de liberté.

Après que l'une de ces troupes aura fait ſa retraite, l'autre la fera à ſon tour, & on exercera ſucceſſivement les Officiers & les Dragons à cette manœuvre.

On fera rentrer enſuite tous les Dragons détachés & diſperſés en avant, & on punira ſévèrement ceux qui ne rejoindroient point leur troupe au premier ſignal.

Chaque troupe étant reformée, on les exercera à marcher en ordre de bataille, l'une vis-à-vis de l'autre, pour ſe charger le *ſabre haut;* dès qu'elles ſeront arrivées à la portée du ſabre, les Dragons des premiers rangs s'élèveront ſur leurs étriers, & feront cliqueter leurs ſabres pendant une minute environ, pour accoutumer les chevaux à ce bruit; après quoi, l'une des deux troupes fera ſa retraite (ce qui s'exécutera en faiſant faire *demi-tour à droite par homme* au ſecond rang & enſuite au premier, ou en faiſant longer la troupe ſur ſa gauche, par la manœuvre de *tête à botte*, au choix du Commandant), & ira enſuite ſe rallier à cent cinquante pas environ, où s'étant remiſe en ordre, elle reviendra à la charge & ſera cenſée victorieuſe à ſon tour.

La troupe victorieuſe ſuivra quelques pas celle qui ſe retirera, après quoi elle fera *halte*.

Cet exercice fini, on fera remettre ces deux troupes en bataille, comme elles étoient auparavant.

CHAPITRE 20.

MOYENS POUR ACCOUTUMER LES CHEVAUX AU FEU.

LORSQUE le Commandant jugera à propos d'exercer les chevaux au *feu*, il fera mettre les eſcadrons en colonne par compagnies ou diviſions, &c. pour marcher un bon pas de route; il donnera enſuite ſes ordres pour faire le *feu de billebaude* ou à volonté,

Cette manière eſt la plus ſûre & la plus ſimple pour accoutumer les chevaux au *feu*, en obſervant de leur rendre ſouvent la main.

Quand le Commandant voudra faire ceſſer le *feu*, il fera faire un *roulement*, auquel ſignal les Dragons ceſſeront de tirer.

TITRE 22.

De la Promenade des Chevaux.

LORSQUE le Commandant d'une légion, d'un escadron ou d'une compagnie, jugera nécessaire de faire promener les chevaux dans le temps où la rigueur de la saison ou le mauvais temps ne permettront pas de les exercer, les Dragons seront en bonnet & n'auront point de sabre, les chevaux n'auront qu'une couverture & un bridon d'écurie; il y aura un Officier & un Maréchal-des-logis à chaque compagnie: l'Officier n'aura point de place fixe, il se portera tantôt à la tête, tantôt à la queue & sur les flancs, pour voir si les Dragons ne tracassent point leurs chevaux, s'ils marchent bien dans leur rang, & s'ils ont attention à ne point donner d'atteintes, & le Maréchal-des-logis marchera à la queue.

Cette promenade faite pendant une heure environ, on ramènera la troupe dans son quartier.

TITRE 23.

Des différens Exercices à pied pour les Dragons.

LES Dragons ne devant combattre à pied que dans des cas imprévus, il sera inutile de les fatiguer mal-à-propos, aux différens Exercices à pied, ni d'exiger d'eux la même précision que l'Infanterie, ce qui ne pourroit s'acquérir qu'au préjudice des Exercices à cheval, dont l'objet est bien plus essentiel.

CHAPITRE 1.er

CHAPITRE 1.er

DE L'ASSEMBLÉE PARTICULIÈRE DES DRAGONS À PIED.

ON ſe conformera pour aſſembler les Dragons à pied, à ce qui eſt preſcrit ci-devant, pour l'aſſemblée de l'Infanterie.

Lorſque le Capitaine jugera néceſſaire de faire l'inſpection des armes, il fera à ſa compagnie les commandemens ci-après.

CHAPITRE 2.

DE L'INSPECTION À PIED.

1.

Prenez garde à vous.

2.

Préparez-vous pour l'inſpection.

Les Dragons étant diſpoſés ſur deux rangs ouverts, la croſſe à terre, la main droite à deux doigts du bout du canon, le pouce alongé, feront un *demi à droite* ſur le talon gauche, ils placeront le pied droit en équerre derrière le gauche, les talons joints, ils paſſeront de la main droite le mouſqueton dans la main gauche, le ſaiſiſſant au milieu du canon au-deſſous du porte-baguette, pour le tenir le long de la cuiſſe gauche, la baguette tournée vers le corps, la platine à hauteur du genou, ils mettront de la main droite la baguette dans le canon, & feront enſuite *face en tête,* ſe repoſant ſur le mouſqueton.

Ces mouvemens étant exécutés, le Capitaine & le Lieutenant parcourront chacun le front d'un rang, pour faire l'inſpection des armes.

Lorſqu'on voudra examiner ſeulement ſi les armes ſont chargées ou non, les Dragons ne bougeront point de leur poſition; & dès que l'Officier aura dépaſſé de deux hommes le Dragon qui aura été inſpecté, celui-ci, ſans attendre de commandement, paſſera le mouſqueton à gauche, remettra la baguette en ſon lieu, & fera enſuite *face en tête*, en reportant le mouſqueton à droite, la croſſe à terre.

Si on veut de plus examiner les mouſquetons, l'Officier en arrivant au premier Dragon du rang, commandera, *montrez vos armes;* alors celui-ci montrera ſon mouſqueton en trois temps :

Au premier, élevant le mouſqueton de la main droite en avant de la cuiſſe droite, la main à hauteur de la cravate, il le ſaiſira de la main gauche à hauteur du ceinturon :

Au deuxième, il élèvera de la main gauche le mouſqueton entre les deux yeux, la main à hauteur de la cravate, & il le ſaiſira de la droite à la poignée :

Au troiſième, il élèvera le mouſqueton de la main droite, tournant la platine en avan. à hauteur de la cravate, & à un pied de diſtance environ, la main gauche tombante ſur le côté.

L'Officier examinera ſi le mouſqueton eſt chargé ou non, il le prendra, s'il le juge à propos, pour s'aſſurer encore mieux s'il eſt en bon état; après quoi il rendra le mouſqueton au Dragon, qui paſſera tout de ſuite l'arme à gauche en deux temps :

Au premier, il baiſſera le mouſqueton de la main droite à hauteur du ceinturon, & le ſaiſira de la gauche au-deſſous du porte-baguette :

Au deuxième, faiſant un *demi à droite* & plaçant le pied droit en équerre derrière le gauche, les talons joints, il abandonnera le mouſqueton de la main droite pour le baiſſer de la gauche, la platine à hauteur du genou, remettra la baguette & reportera le mouſqueton à droite la croſſe à terre, faiſant en même temps *face en tête.*

Dès que l'homme qui aura été inſpecté, fera ſon premier temps pour paſſer l'arme à gauche, celui qui devra l'être à ſon tour, commencera au même moment ſon premier temps pour montrer ſes armes, & ainſi des autres qui exécuteront ſucceſſivement tous les mouvemens preſcrits pour le premier Dragon.

On ſuivra d'ailleurs tout ce qui eſt preſcrit ci-devant à l'inſpection de l'Infanterie, *page 21*, de même que pour ſe rendre au lieu d'aſſemblée du régiment.

Les Officiers supérieurs qui se trouveront au quartier d'assemblée à l'arrivée des compagnies, se conformeront aussi pour rompre le régiment, & le conduire sur le terrein où il devra être exercé, à tout ce qui est prescrit pour l'Infanterie.

Les Officiers qui marcheront à la tête des divisions, ainsi que les Officiers-majors & bas Officiers, auront tous le sabre à la main.

Le régiment étant arrivé & formé en bataille sur le terrein où il devra être exercé, le Commandant se portera en avant du front pour faire les commandemens: mais avant de faire exécuter aucune manœuvre, il avertira les Officiers de se rendre à leur place de bataille; cet avertissement sera suivi d'un *roulement*, après lequel les Lieutenans & Sous-lieutenans se placeront à la droite & à la gauche des escadrons, & les Capitaines resteront à la tête de leur compagnie.

TITRE 24.

De l'Exercice ou Maniement des armes à pied pour les Dragons.

CHAPITRE 1.er

OBSERVATIONS GÉNÉRALES.

TOUTES les fois que les Dragons prendront les armes à pied, ils porteront le mousqueton dans le bras droit, le canon en arrière & presque d'à-plomb, la baguette en dehors, le bras tendu, la main droite embrassant le chien & la sougarde, la crosse à plat le long de la cuisse droite, & la main gauche pendante sur le côté.

Le maniement des armes sera divisé en deux parties, la première comprendra le maniement du mousqueton; & la deuxième comprendra le maniement des armes : on se conformera d'ailleurs à ce qui est prescrit au *Titre 9, chapitre 1.er, concernant le Maniement des armes de l'Infanterie.*

PREMIÈRE PARTIE.

DU MANIEMENT DU MOUSQUETON.

LE maniement du mousqueton se fera toujours à rangs ouverts, & jamais en plus grand nombre que par une ou deux compagnies.

Les Dragons portant l'arme au bras droit, on fera ouvrir les rangs, après quoi on fera cet avertissement :

Prenez garde à vous, pour le maniement du mousqueton.

A cet avertissement, l'homme d'aile se portera en avant de la droite, & à la distance nécessaire pour être aperçu du front de la troupe, y faisant face.

PREMIER COMMANDEMENT.

La platine sous le bras gauche.

En deux temps :

Au premier, tournant le mousqueton le canon en dehors, on le portera vis-à-vis l'épaule gauche, plaçant le main droite, à la poignée, le pouce alongé sur la contreplatine ; & on le saisira de la main gauche à la capucine à hauteur de l'œils le pouce alongé le long du bois.

Au deuxième, on passera la platine sous le bras gauche, la main droite accompagnant la crosse jusque sous le bras pour ensuite se replacer sur le côté.

2.

Portez vos armes.

En deux temps :

Au premier, on passera tout de suite le mousqueton au bras droit :

Au deuxième, la main gauche se replacera sur le côté.

3.

L'arme au bras.

En trois temps consécutifs, d'un seul mouvement :

Au

Au premier, comme au premier temps du premier commandement :

Au deuxième, on croisera l'avant-bras gauche par-dessus la poignée, laissant appuyer le chien sur le bras :

Au troisième, la main droite se replacera sur le côté.

4.

Portez vos armes.

En trois temps consécutifs, d'un seul mouvement,

Au premier, on portera la main droite à la poignée, le pouce alongé pour détacher le mousqueton de l'épaule, & on le saisira de la main gauche à la capucine pour le tenir perpendiculaire :

Au deuxième, on passera le mousqueton au bras droit.

Au troisième, la main gauche se replacera à gauche.

5.

Présentez vos armes.

En un temps :

On détachera le mousqueton du bras droit, pour le porter vis-à-vis la cuisse gauche, le canon en dedans, la batterie à hauteur du ceinturon & à deux doigts de distance environ, le saisissant en même temps de la main gauche à la capucine, le pouce alongé & retirant le pied droit à six pouces en arrière de sa place, sans effacer le corps.

6.

Portez vos armes.

En un temps :

On passera le mousqueton dans le bras droit en frappant du pied droit pour le replacer à côté du gauche, & la main gauche se replacera à gauche.

7.

Crosse en terre.

En deux temps.

Au premier, on portera la main gauche au canon à hauteur du teton, & baissant en même temps le mousqueton, on le ſaiſira de la main droite au bout du canon, le pouce alongé.

Au deuxième, abandonnant le mouſqueton de la main gauche, on le baiſſera de la droite pour poſer doucement & ſans aucun bruit la croſſe à terre, le talon de la croſſe à deux pouces environ & ſur l'alignement de la pointe du pied droit.

8.

Portez vos armes.

En deux temps :

Au premier, on élèvera le mouſqueton de la main droite pour le ſaiſir de la main gauche à la capucine, & tout de ſuite de la main droite à la poignée, embraſſant le chien & la ſougarde.

Au deuxième, la main gauche ſe replacera ſur le côté.

DEUXIÈME PARTIE.

DU MANIEMENT DES ARMES.

LE Commandant s'étant porté en avant du front du régiment à la diſtance néceſſaire pour être entendu de la troupe, & ſuivi d'un Tambour, fera cet avertiſſement :

Prenez garde à vous pour le maniement des armes.

A cet avertiſſement, le Tambour fera *un roulement*, & donnera enſuite un coup de baguette.

A ce ſignal, tous les Officiers mettront le ſabre à la main, s'ils ne l'ont pas déjà, & le Colonel-commandant, le Lieutenant-colonel & le Major, iront ſe placer ſur le flanc du régiment ; les Lieutenans paſſeront en ſerre-file derrière la première diviſion de leur compagnie, & les Capitaines les remplaceront aux ailes de leur eſcadron.

L'homme d'aile partira en même temps pour ſe porter en avant de la droite, à la diſtance néceſſaire pour être aperçu du front de la troupe à laquelle il fera face.

Le Commandant fera enſuite les mouvemens ſuivans ; ou, s'il veut faire exécuter les mouvemens à la muette, il ſera faire un *ſecond roulement* ſuivi d'un coup de baguette, après lequel l'homme d'aile partira pour donner le premier ſignal, & la troupe ſe réglant ſur lui, exécutera les mouvemens ci-après.

PREMIER COMMANDEMENT.

Apprêtez vos armes.

En deux temps, dans la valeur d'un ſeul.

Au premier, on élèvera le mouſqueton de la main droite, la plaçant tout de ſuite à la poignée, & on le ſaiſira de la gauche à la capucine à hauteur des yeux, faiſant en même temps un *demi à droite* ſur le talon gauche, & plaçant le pied droit, ſavoir, le premier rang à ſix pouces en arrière du gauche; & le ſecond rang, ſans effacer le corps, à douze pouces ſur la droite, & à ſix pouces en arrière de l'alignement du talon gauche; on placera auſſitôt le pouce de la main droite ſur le chien, le premier doigt ſur la partie ſupérieure de la ſougarde.

Au deuxième, on armera le mouſqueton.

2.

En joue.

En un temps:

Comme il eſt preſcrit au maniement des armes de l'Infanterie.

3.

Feu.

En un temps:

Comme il eſt preſcrit pour les deux derniers rangs, au maniement des armes de l'Infanterie.

4.

Chien en ſon repos.

En un temps:

Comme il eſt preſcrit au maniement des armes de l'Infanterie.

5.

La cartouche.

En trois temps :

Comme il eſt preſcrit pour l'Infanterie.

6.

Fermez le baſſinet.

En un temps :

Comme pour l'Infanterie.

7.

Armes à gauche.

En deux temps :

Au premier, on paſſera la croſſe à gauche, en tournant le mouſqueton perpendiculaire près du corps, & coulant la main juſqu'au porte-baguette ; on baiſſera auſſitôt le mouſqueton, la platine à hauteur du genou, la baguette vers le corps :

Au deuxième, on mettra la cartouche dans le canon, donnant tout de ſuite un coup de main au bout du canon, & on ſaiſira la baguette, la main renverſée, le coude haut.

8.

Bourrez.

En ſix temps :

Les cinq premiers, comme il eſt preſcrit au neuvième commandement du maniement des armes à cheval, & le ſixième comme l'Infanterie.

9.

Portez vos armes.

En un temps.

On baiſſera le mouſqueton pour le placer dans le bras droit, faiſant en même temps *face en tête*, en frappant du pied droit pour le replacer à côté du gauche, & la main gauche ſe replacera à gauche.

CHAPITRE 2.

CHAPITRE 2.

DE LA CHARGE DU MOUSQUETON À VOLONTÉ.

LORSQU'APRÈS le maniement des armes, le Commandant jugera à propos d'exercer les Dragons à charger vîte & ſans intervalle entre les temps, il fera l'avertiſſement, *prenez garde à vous*, & enſuite le commandement :

Chargez vos armes.

Les deux premiers temps s'exécuteront de la manière ſuivante :

Au premier, faiſant un *demi-à-droite* ſur le talon gauche, on placera le pied droit en équerre derrière le gauche les talons joints : on fera en même temps *armes plates*, en plaçant le mouſqueton dans la poſition preſcrite au maniement des armes, après avoir fait *feu ;* on donnera un coup ferme de la main gauche à la capucine pour marquer ce temps, & on placera enſuite le pouce de la main droite devant la batterie.

Au deuxième, on ouvrira le baſſinet ; ces deux temps s'exécuteront avec l'homme d'aile.

Les Dragons prendront tout de ſuite la cartouche, la déchireront, amorceront, & fermeront le baſſinet ſans attendre perſonne ; mais ils ſe règleront encore ſur l'homme d'aile pour paſſer enſemble l'arme à gauche, ce qui étant exécuté, ils chargeront le mouſqueton avec célérité, & le porteront tout de ſuite au bras droit ſans ſe régler ſur perſonne.

Le maniement des armes étant fini, le Commandant fera faire *un roulement,* après lequel le Colonel-commandant, le Lieutenant-colonel, le Major, les Capitaines, les Lieutenans, ainſi que l'homme d'aile, iront reprendre la place qu'ils occupoient avant le maniement des armes, & le Tambour ira rejoindre les autres.

Le Commandant exercera enſuite le régiment à telle manœuvre qu'il jugera à propos ; mais il n'en fera exécuter aucune qui ne ſoit analogue aux manœuvres à cheval, afin de ne point compliquer l'attention du Dragon, & le confirmer de plus en plus dans celles qu'il doit exécuter à cheval.

Les compagnies, escadrons, &c. conserveront à pied comme à cheval, la même dénomination.

Quant à l'exécution des *feux*, on suivra ce qui est prescrit pour l'Infanterie, mais on ne les exécutera jamais en plus petit nombre que par compagnie.

TITRE 25.

Des Signaux.

LORSQUE la voix ne pourra se faire entendre à tous les bataillons & escadrons, soit en bataille ou en colonne, on se servira des signaux ci-après.

Pour rassembler une troupe ou pour lui faire serrer les rangs, lorsqu'elle sera assemblée, on fera *rappeler*.

Pour marcher en avant, on fera *battre aux champs*.

Lorsqu'on battra *la charge*, les Soldats marcheront le pas redoublé.

Lorsqu'on battra *la retraite*, l'Infanterie fera *demi-tour à droite* & marchera sur les derrières, & les Dragons feront leur mouvement en même temps pour se retirer ainsi qu'il est prescrit pour les mouvemens rétrogrades.

On fera battre *la berloque* pour disperser ou envoyer à la paille, soit Infanterie ou Dragons.

Lorsque le Commandant voudra faire manœuvrer par les batteries ci-dessus désignées, il fera avec son arme, le signal aux Tambours, pour leur indiquer la batterie qu'il voudra faire exécuter.

Quand les troupes de la queue d'une colonne, ne

pourront pas en ſuivre la tête ou qu'elles ſeront obligées de s'arrêter, elles feront *rappeler*, ce qui ſera répété ſucceſſivement par tous les Tambours de la colonne, juſqu'à la tête qui fera *halte.*

Dès que la queue aura rejoint ou qu'elle n'aura plus de raiſon de s'arrêter, elle fera battre *aux champs*, ce qui ſera répété de même par tous les Tambours de la colonne, auquel ſignal la tête de la colonne ſe remettra en marche; il ſera cependant détaché un Officier-major, pour avertir celui qui commandera la colonne, du ſujet pour lequel on ſe ſera arrêté.

Lorſque le Commandant ſupérieur d'un camp ou d'un cantonnement, jugera néceſſaire de ſe ſervir de ſignaux de canon ou autres, pour faire manœuvrer, il fera donner par écrit aux Commandans des différens Corps, les mouvemens qu'ils auront à faire, afin qu'il n'y ait aucune mépriſe à cet égard.

TITRE 26.

De la formation d'une Légion.

LORSQU'UNE Légion s'aſſemblera pour s'exercer ou pour toute autre raiſon, elle ſera formée & diviſée par brigades.

Chaque brigade ſera compoſée d'un bataillon & de deux eſcadrons.

Le premier bataillon, avec le premier & le troiſième eſcadron, formeront la première brigade.

Le ſecond bataillon, avec le deuxième & le quatrième eſcadron, formeront la ſeconde brigade.

La première brigade ſera placée à la droite, & la ſeconde à la gauche; les Dragons de la première brigade ſeront placés à la droite, & ceux de la ſeconde à la gauche de l'Infanterie.

Quand on formera chaque brigade en particulier, le premier eſcadron de la brigade ſera placé à la droite, & le ſecond à la gauche du bataillon.

Les Officiers ſupérieurs n'auront point de poſte fixe; le Colonel ſe portera par-tout où ſa préſence ſera néceſſaire, & attachera les autres Officiers à telle partie de la légion qu'il croira le plus néceſſaire.

TITRE 27

OBSERVATIONS ſur les manœuvres d'une Légion.

LORSQUE toute une Légion marchera enſemble, ſoit en bataille, ſoit en colonne, on ſe conformera à tout ce qui eſt preſcrit ci-devant au *Tittre 20, des Principes généraux pour les Manœuvres*, ſoit que l'Infanterie ou les Dragons marchent an centre.

Lorſque le Commandant voudra mettre la Légion en mouvement pour la faire marcher en avant, il en fera le commandement, ou en fera avertir le Commandant du premier bataillon, qui fera à ſon bataillon le commandement *marche*, & auſſitôt tous les autres Commandans de bataillon & d'eſcadron répèteront les mêmes commandemens, ſans autre avertiſſement.

Toute la Légion marchant de front en bataille, s'alignera ſur le centre, & obſervera exactement ſes intervalles entre les bataillons & les eſcadrons.

Lorſque le Commandant voudra faire marcher la Légion en retraite; il en fera le commandement, qui ſera répété par tous les Commandans de bataillon & d'eſcadron, ou il en il en fera avertir le Commandant du premier bataillon, qui commandera auſſitôt *demi-tour à droite;* le Commandant du ſecond bataillon fera le même commandement, & ceux des eſcadrons commanderont *demi-tour à droite par diviſion* ou *par quatre.*

On répètera les mêmes commandemens que ci-deſſus pour faire *face en tête.*

Quand on voudra faire rompre la Légion par *quart de converſion,* le commandement partira de même du centre; & pour la remettre en bataille, chaque Commandant de diviſion répètera les mêmes commandemens qu'il entendra faire devant lui.

Lorſqu'on voudra rompre la Légion marchant en bataille en avant, pour diminuer ſon front, le Commandant, après avoir fait l'avertiſſement *attention,* commandera : *par deux eſcadrons & par deux bataillons, rompez en avant;* au commandement *marche,* les deux eſcadrons de la droite continueront à marcher directement devant eux : les deux bataillons & les deux eſcadrons de la gauche feront en même temps un *demi-quart de converſion à droite* par bataillon & par eſcadron pour marcher en avant; & dès que les deux bataillons feront arrivés à hauteur & derrière les deux eſcadrons de la tête, ils ſe réuniront par un *demi-quart de converſion à gauche;* les deux derniers eſcadrons ſe réuniront de la même manière, pour prendre rang dans la colonne derrière l'Infanterie.

Si, au lieu de rompre la Légion par deux eſcadrons, on veut la mettre en colonne par eſcadron, on ſe conformera à ce qui eſt preſcrit ci-devant aux évolutions de l'Infanterie & aux manœuvres de la Cavalerie.

On ſuivra de même pour diminuer ou pour augmenter ſucceſſivement le front de la colonne, tout ce qui a été preſcrit à cet égard, en établiſſant pour règle que, lorſque les eſcadrons ſe rompront par compagnie, les bataillons ſe rompront par demi-bataillon, & ainſi de ſuite.

Lorſque le Commandant voudra former la Légion en bataille en tel ſens que ce ſoit, il fera les commandemens relatifs à la manière dont il voudra la former, & chaque eſcadron & bataillon l'exécutera en ſe conformant de même à ce qui eſt preſcrit ci-devant aux évolutions de l'Infanterie & aux manœuvres de la Cavalerie.

TITRE 28.

Des Manœuvres de guerre d'une Légion.

CHAPITRE 1.er

DISPOSITIONS GÉNÉRALES POUR LA MARCHE D'UNE LÉGION.

LORSQU'UNE Légion devra marcher à l'ennemi, le Commandant fera ſes diſpoſitions telles qu'il les croira le plus convenable.

S'il ſe met en marche ſur une ſeule colonne, il en fera prendre la tête à la Cavalerie ou à l'Infanterie, relativement à la nature du pays qu'il aura à parcourir, & changera ſon ordre de marche toutes les fois que les circonſtances l'exigeront.

Il donnera ſes ordres pour qu'il ſoit détaché le nombre de Soldats & de Dragons néceſſaires pour former l'avant & l'arrière-garde.

L'avant-garde ſe fera précéder par un nombre de Dragons, qui ſe porteront en avant & ſur les flancs, pour examiner ſur la route les endroits qui ſeroient ſuſceptibles d'embuſcades; ceux qui marcheront ſur les flancs paſſeront ſur toutes les hauteurs à portée de la route, pour découvrir de plus loin.

La ſeconde diſpoſition pour traverſer une plaine, eſt de former la Légion ſur trois colonnes, l'Infanterie formant la colonne du centre, & les Dragons marchant ſur les ailes : ſavoir, les deux eſcadrons de la droite formant la colonne par la gauche, & ceux de la gauche marchant par leur droite & obſervant le même intervalle entr'eux & l'Infanterie que celui qu'ils avoient en bataille.

Quand le Commandant jugera à propos de mettre la Légion en bataille, il prendra la poſition qui lui paroîtra la plus avantageuſe, & placera la Cavalerie au centre ou ſur les ailes, ainſi qu'il le croira le plus convenable, relativement au terrein & aux circonſtances.

Il exercera la Légion à prendre & à changer légèrement ſon ordre de bataille, ſoit pour attaquer, ſoit pour ſe défendre, ſe conformant à cet égard à ce qui eſt preſcrit ci-devant aux Évolutions & Manœuvres.

CHAPITRE 2.

DU PASSAGE D'UN DÉFILÉ EN PRÉSENCE DE L'ENNEMI.

LORSQU'UNE Légion aura un défilé à paſſer, le Commandant la fera former en bataille vis-à-vis du défilé, ſans aucun intervalle entre les eſcadrons, & comme ce défilé peut être de pluſieurs eſpèces, une gorge de montagne eſcarpée de toutes parts, un chemin dans un bois, &c. le Commandant fera paſſer ſon avant-garde, pour être inſtruit de ce qui pourroit ſe trouver de l'autre côté du défilé, après quoi il fera les commandemens néceſſaires pour rompre la Légion par le centre & faire paſſer l'Infanterie la première : la Cavalerie ſe joindra enſuite vers le centre pour ſuivre l'Infanterie; les rangs ſeront toujours très-ſerrés en paſſant un défilé : ils le paſſeront leſtement (s'il eſt d'une petite étendue) & lorſqu'on débouchera du défilé, on ſe déploîra de droite & de gauche pour ſe former leſtement en bataille par les ailes.

Dès que la dernière diviſion de la colonne entrera dans le défilé, l'arrière-garde ſe diſpoſera à le paſſer.

CHAPITRE 3.

DU PASSAGE D'UN DÉFILÉ EN ARRIÈRE.

LORSQU'UNE Légion sera obligée de faire des mouvemens rétrogrades, & qu'elle aura un défilé à passer, si elle y arrive en bataille, elle continuera de marcher jusqu'à cinquante pas environ du défilé que l'on tâchera de mettre derrière le centre ; observant peu ou point d'intervalle entre les escadrons, & après avoir fait *halte*, on fera *face en tête.*

La troupe qui aura fait l'avant-garde, sera destinée à faire l'arrière-garde, & celle qui aura fait l'arrière-garde, sera employée à faire l'avant-garde, se plaçant l'une en avant & l'autre en arrière de la Légion.

Le Commandant fera ensuite les commandemens nécessaires pour repasser le défilé par les escadrons des ailes, qui se rompront alternativement de droite & de gauche, & l'Infanterie formant ensuite la colonne de retraite, passera la dernière ; mais si la rivière ou le ruisseau que l'on auroit à passer se trouvoit gaïable, le Commandant feroit ses dispositions pour y faire passer la Cavalerie, tandis que l'Infanterie passeroit sur le pont.

Lorsque les Dragons, en repassant un défilé, se trouveront serrés de près par l'ennemi, le Commandant fera faire *front* aux dernières troupes de la colonne, tandis que les autres continueront leur marche ; le dernier rang qui se trouvera alors le premier, chargera vivement l'ennemi à coups de sabre, & se retirera aussitôt de droite & de gauche par file, pour passer sur les flancs de la troupe qui fera ferme, & repasser le défilé.

Dès que ce premier rang aura fait sa pointe, & qu'il se retirera, le second rang fera aussitôt *feu*, & se reploîra de la même manière que le premier ; le troisième rang fera ensuite sa pointe en avant pour charger à coups de sabre ; le le quatrième rang chargera du piſtolet, & ſucceſſivement de tous les autres rangs, pour enſuite faire leur retraite ou ſe rallier, ainſi qu'il aura été ordonné.

S'il étoit néceſſaire de former la Légion en bataille, faiſant *face* au défilé après l'avoir paſſé par les ailes, les Dragons, en débouchant du défilé, longeroient de droite & de gauche, & feroient enſuite *feu* au défilé en ſe mettant en bataille, & l'Infanterie ſe formeroit de même entre les deux ailes de la Cavalerie, en ſe conformant à ce qui eſt preſcrit pour former la colonne de retraite en bataille.

CHAPITRE 4.

DISPOSITIONS DÉFENSIVES D'UNE LÉGION, MARCHANT EN PLAINE SUR TROIS COLONNES.

Première Diſpoſition.

LORSQU'UNE Légion marchant ſur trois colonnes aura à ſe défendre contre des Troupes-légères, le Commandant fera rentrer l'avant & l'arrière-garde, & détachera de la colonne d'Inſanterie des petits pelotons de cinq ou ſix hommes chacun, qui iront faire *feu*, paſſant au travers des diſtances des diviſions de Cavalerie.

Il ſera également détaché de la compagnie de Grenadiers, deux petits pelotons qui précèderont les deux colonnes de Cavalerie, à la queue de chacune deſquelles marchera auſſi un petit peloton détaché de la dernière troupe de la colonne d'Infanterie.

Tous ces pelotons, ainſi que la compagnie de Grenadiers, feront *feu* en marchant; & lorſque la queue de la colonne devra faire *feu*, elle fera *demi-tour à droite.*

Deuxième Diſpoſition.

LORSQUE la Légion marchant ſur trois colonnes, ſera attaquée en tête, & qu'il ſera néceſſaire par la nature du terrein & la diſpoſition de l'attaque, que la Cavalerie ſoit au centre, toutes les divisions de la droite de la colonne d'Infanterie, feront *à droite* par homme, celles de la gauche feront *à gauche*, & iront au pas redoublé passer à travers les distances des divisions de Cavalerie, pour faire *front* en se remettant en colonne à la distance qui leur sera désignée, & se former ensuite en avant par les ailes de la Légion, sur une ou deux lignes suivant qu'il aura été ordonné.

Pendant ce temps, la Cavalerie se formera sur deux lignes; la division de la tête de chaque escadron fera *halte*, tandis que les autres se formeront en avant, remplissant l'intervalle que l'Infanterie aura laissé au centre.

Troisième Disposition.

Si, au lieu de se former en avant, la Légion se trouve attaquée par le flanc, & qu'il soit de même nécessaire que la Cavalerie reste au centre; les deux colonnes de Cavalerie feront *un quart de conversion à gauche* par division, après lequel elles feront *halte*.

Pendant ce temps, les quatre premières troupes de la colonne d'Infanterie marcheront en avant au *pas redoublé;* & dès que la dernière aura débordé la Cavalerie, elles feront alors ensemble *un quart de conversion à gauche*, par demi-troupe ou division, pour se former sur deux lignes à la droite de la Cavalerie, les Grenadiers occupant la droite de la première ligne.

Les quatre dernières troupes de la colonne feront en même temps *demi-tour à droite* par homme, pour marcher en arrière, & après qu'elles auront débordé la Cavalerie, elles feront *face en tête*, pour ensuite faire un *quart de conversion à gauche* par division, & se former dans le même ordre à la gauche de la Cavalerie.

Quatrième Disposition.

Si, au lieu de se former sur la gauche, la Légion se

trouve attaquée en queue, & qu'il soit nécessaire par la nature du terrein & la disposition de l'attaque, que l'Infanterie se trouve au centre, on fera faire à l'Infanterie *demi-tour à droite* par homme, pour ensuite la former en avant sur deux lignes par les manœuvres ordinaires.

Les deux colonnes de Cavalerie feront, l'une *demi-tour à droite*, & l'autre *demi-tour à gauche* par division, pour se former ensuite en avant sur deux lignes à la droite & à la gauche de l'Infanterie.

TITRE 29.

Du Ralliement.

LORSQUE le Commandant d'une Légion jugera à propos de l'exercer en totalité ou en partie, à se reformer promptement, toutes les fois que les circonstances peuvent l'exiger à la guerre, on l'enverra *à la paille.*

Pour cet effet, on fera battre *la berloque ;* & à ce signal, les Soldats & Dragons quitteront leur rang & se disperseront en avant, à l'exception de quelques petites troupes qu'on fera rester pour occuper l'alignement qu'on voudra faire reprendre à la Légion.

Quand le Commandant voudra ensuite rallier la Légion, il ordonnera aux Tambours de *rappeler ;* alors les Officiers, bas Officiers, Soldats & Dragons, se rallieront promptement aux petites troupes qui seront placées sur l'alignement qu'ils devront occuper, & les Soldats & Dragons reprendront le plus diligemment qu'il sera possible, leur rang par compagnie & division, & observeront aussitôt le silence.

Lorsque le Commandant voudra faire disperser les Dragons, seulement en avant du front de l'Infanterie, pour tirailler & faire le simulacre de la petite guerre, il donnera ses ordres en conséquence ; alors chaque escadron se portera en avant, & ſe diſperſera de droite & de gauche, les Dragons faiſant *feu* du mouſqueton ou de leurs piſtolets.

Lorſque le Commandant jugera qu'ils ſeront aſſez éloignés, il fera faire un *roulement*, auquel ſignal les Dragons ne dépaſſeront pas le terrein qu'ils occuperont alors, mais ils continueront cependant de tirer.

Si le Commandant veut enſuite les pouſſer plus en avant, il fera battre *la marche*, auquel ſignal les Dragons continueront à ſe porter en avant à leur volonté.

Lorſqu'après cette manœuvre, le Commandant jugera à propos de les faire rallier, il fera *rappeler;* alors les Dragons viendront ſe reformer ſur les ailes de l'Infanterie, en ſe conformant à ce qui eſt preſcrit ci-deſſus, & on punira très-ſévèrement les traîneurs.

TITRE 30.

Des Revues.

CHAPITRE 1.er

DES REVUES D'HONNEUR.

LORSQU'UNE Légion, un bataillon, un eſcadron, ou une compagnie, devra paſſer une revue d'honneur, elle ſera formée dans l'ordre de bataille preſcrit ci-devant, les rangs ouverts, & les Officiers à la tête de leur troupe, ceux de l'Infanterie repoſés ſur les armes.

Dès que la perſonne, à qui l'on devra rendre des honneurs, arrivera à une certaine diſtance de la troupe, le Commandant fera les commandemens néceſſaires pour *préſenter les armes*, & pour *mettre le ſabre à la main:* les Tambours battront de la caiſſe, & les Officiers ſalueront de leur arme, ſoit de pied-ferme, ſoit en défilant, en ſe conformant à ce qui a été preſcrit à cet égard.

CHAPITRE 2.

CHAPITRE 2.

DES REVUES D'INSPECTION.

Si c'eſt une revue d'inſpection que la Légion doit paſſer, le Commandant fera les mêmes diſpoſitions que ci-deſſus, pour recevoir l'Inſpecteur, & lui fera rendre les honneurs attribués ſon grade.

La Légion reſtera en bataille juſqu'à ce que l'Officier général chargé d'en faire l'inſpection, ordonne de la mettre *en haie* par compagnie.

Les compagnies étant en haie, ſeront diſpoſées de manière que les bas Officiers Caporaux, Brigadiers, Appointés, Soldats ou Dragons, ſoient rangés ſuivant leur grade par ancienneté.

Le Fourrier & les Sergens ou Maréchaux-des-logis, ſeront placés à la droite de leur compagnie, ayant le Tambour à leur droite, les Caporaux ou Brigadiers ſeront placés à la gauche des Sergens ou Maréchaux-des-logis, & les Appointés, Soldats ou Dragons, à la gauche des Caporaux ou Brigadiers, tous rangés par ancienneté à la gauche les uns des autres, ſans en tranſpoſer aucun.

On fera les livrets de revue dans ce même ordre, ſans rien changer d'ailleurs, au rang que les compagnies doivent tenir dans les bataillons ou eſcadrons, ni à celui que les bataillons ou eſcadrons doivent tenir dans la Légion.

Lorſque l'Inſpecteur ſe préſentera devant une compagnie pour en faire la revue, les Officiers qui ſeront à la tête, ſalueront de leur arme, ils ſe porteront enſuite à ſix pas en avant de leur troupe & y feront face.

Si ledit Officier général après avoir vu la Légion en haie, ordonne qu'on la faſſe défiler, on la reformera en bataille pour enſuite la faire défiler, & les Officiers ſalueront de leur arme.

CHAPITRE 3.

DES REVUES DE COMMISSAIRE DES GUERRES.

SI la Légion doit passer la revue d'un Commissaire des guerres, les compagnies seront mises en haie, avant son arrivée.

TITRE 31.

Des jours d'Exercice.

L'ÉCOLE d'équitation des Dragons des Légions, & celle des Soldats pour le maniement des armes & la marche, sera divisée en plusieurs classes, les premières seront exercées trois fois par semaine, & la dernière le sera tous les jours.

Lorsque les premières classes seront arrivées au point de perfection nécessaire pour bien manœuvrer, elles ne seront plus sujettes alors qu'aux exercices généraux de la compagnie, du bataillon, de l'escadron ou de la Légion.

Lorsqu'enfin tous les Officiers, bas Officiers, Soldats & Dragons, seront assez instruits de tout ce qui concerne les exercices & manœuvres, & qu'ils seront parvenus au degré de perfection nécessaire pour entrer dans le bataillon ou l'escadron; alors chaque Légion sera exercée en totalité deux fois par semaine; pendant les mois de Juin, Juillet, Août & Septembre; & une fois par semaine, pendant les mois de Mai & d'Octobre; le reste de l'année on recommencera les exercices d'équitation & de détail dans les manèges couverts; les Soldats & Dragons des premières classes y seront exercés une fois par semaine, & ceux des dernières, deux fois.

Pendant l'hiver, les Dragons seront encore exercés à l'espadon, tant à pied que sur le cheval de bois, deux fois par ſemaine, juſqu'à ce que le Commandant les jugera aſſez inſtruits.

Les Commandans des Légions, ſe conformeront exactement à ce qui eſt réglé ci-deſſus pour les exercices, & ne pourront, ſous aucun prétexte, en exiger davantage, ni tenir leur Légion ſous les armes ou à cheval, plus de deux heures & demie, y compris le moment du départ & celui du retour.

Lorſque le temps ne permettra pas de manœuvrer, le nombre de fois preſcrit ci-deſſus par ſemaine, on y ſuppléera, en faiſant travailler dans les manèges couverts, les Dragons & les chevaux qui en auront le plus beſoin; obſervant de laiſſer un jour d'intervalle entre chaque jour d'exercice général ou particulier.

Le Tambour qui ſera le plus en état d'inſtruire les autres, dans l'Infanterie comme dans les Dragons, ſera chargé par le Commandant de la Légion, de les exercer deux fois par ſemaine pendant l'hiver; & pendant l'été ils ne s'exerceront que les jours que la Légion prendra les armes ou montera à cheval.

Lorſqu'une Légion ſera diviſée, les Tambours reſteront à leur bataillon ou eſcadron, pour les exercices de leur compagnie, depuis le 1.er Mai juſqu'au 1.er Octobre, & ſe raſſembleront à l'État-major, ſi le Commandant le juge à propos, pour s'exercer enſemble pendant le reſte de l'année.

TITRE 32

De la Promenade militaire.

Ce genre d'exercice devant avoir pour objet d'apprendre aux Légions de troupes-légères, à faire une marche d'armée avec le plus d'ordre & le plus de célérité qu'il eſt poſſible, & de les y accoutumer, le Soldat y portera ſes armes & ſon havreſac, & les Dragons leur porte-manteau.

Toutes les fois qu'une Légion devra ſortir de ſa garniſon ou de ſon quatier pour cette promenade, elle ſera formée en bataille dans le lieu de ſon aſſemblée, ainſi qu'il eſt preſcrit ci-devant pour les autres exercices.

Quand le Commandant voudra mettre la Légion en marche, il la fera rompre comme il jugera à propos, pour ſortir de la garniſon ou du quartier, les Soldats portant les armes, les rangs ouverts à deux pas de diſtance, les Dragons ayant le ſabre à la main, marchant à rangs aiſés, & tous dans le plus grand ordre, chaque Officier à ſon poſte & Tambours battans.

Quand la Légion ſera ſortie de la Place, & qu'elle en ſera éloignée de deux cents pas, le Commandant ordonnera de faire *halte*, de remettre la baïonnette & le ſabre en leur lieu, de porter les armes, pour enſuite les porter au bras, & d'ouvrir les files à un pied de diſtance.

Les Officiers d'Infanterie ſortiront de leur poſte pour monter à cheval, & ſi les chemins ne ſont pas aſſez larges pour qu'ils puiſſent marcher toujours ſur les flancs de la colonne, on fera prendre dix pas de diſtance d'une compagnie à l'autre, ſans que les rangs de chaque compagnie prenne plus de deux pas de diſtance entr'eux, par quelque diviſion que ladite compagnie ait été rompue.

Les Capitaines & les Sous-lieutenans ſe placeront enſuite à la tête de leur compagnie, & les Lieutenans en ſerre-file, ne formant qu'un même rang avec les Officiers qui ſeront à la tête de la compagnie ſuivante.

Le Colonel, le Colonel-commandant & le Major ſe mettront à la tête de la Légion, & le Lieutenant-colonel à la queue.

Les Officiers-majors attachés à chaque bataillon & eſcadron, n'auront aucune place fixe & marcheront tantôt à la tête, tantôt à la queue, ou ſur les flancs.

Les

Les Tambours de chaque bataillon & efcadron, marcheront à la tête de leur bataillon ou efcadron, à l'exception de deux, qui marcheront à la queue de la Légion.

S'il y a des Valets à cheval, on les fera mettre fur un ou deux rangs, à la queue de chaque bataillon ou efcadron; mais il fera défendu aux Officiers fubalternes de chaque compagnie, de mener avec eux dans la marche, plus d'un valet monté pour deux, & à tout Capitaine d'en mener plus d'un: il ne fera permis qu'aux Officiers fupérieurs, de mener un ou tout au plus, deux chevaux de main.

Lorfqu'au contraire la nature des lieux permettra aux Officiers de marcher toujours à cheval fur les flancs de la colonne, ils s'y placeront à hauteur de leur compagnie, fans pouvoir s'en éloigner pendant toute la marche.

Alors les compagnies ne conferveront plus que quatre pas de diftance entr'elles, pour y recevoir les Sergens & les Fourriers qui fe partageront moitié à la tête & moitié à la queue de leur compagnie, pour s'y placer fur un feul rang, comme il a été prefcrit pour les Officiers à cheval.

Le Commandant ordonnera alors de marcher, & toutes les divifions fe mettront en mouvement à la fois, marchant le *pas de route* en filence, fans confondre les rangs, & fans augmenter ni diminuer les diftances.

Les Officiers fubalternes feront refponfables au Capitaine, des Soldats ou Dragons de leurs divifions qui s'écarteront, & le Capitaine répondra de ceux de fa compagnie.

Si un Soldat ou un Dragon eft forcé de quitter fon rang pendant la marche, il en demandera la pemiffion, & on laiffera avec lui un bas Officier pour le ramener; fi c'eft un Soldat, il donnera fon fufil à fon camarade avant de quitter fon rang.

Si le Lieutenant-colonel s'aperçoit pendant la marche, que la tête de la colonne aille trop vîte pour que la queue puiffe fuivre, il fera rappeler par les deux Tambours reftés à la queue de la Légion, & ce fignal fera répété par les autres Tambours de la colonne, ainſi qu'il eſt preſcrit au *Titre 25*, auquel on ſe conformera.

Si le Colonel juge à propos, pendant la marche, de faire doubler le front de la colonne, il fera avertir le Lieutenant-colonel & l'Officier-commandant de chaque bataillon & eſcadron, s'ils doivent ou ne doivent pas faire le même mouvement; mais il ſera bon qu'il le leur faſſe exécuter quelquefois, afin d'apprendre à la Légion à ſe former plus promptement en préſence de l'ennemi.

Toutes les fois que la Légion paſſera un défilé dans la marche, les Officiers auront la plus grande attention à ce qu'il n'y ait aucune diſtance d'un rang à l'autre, pour que les Soldats & Dragons ſoient auſſi ſerrés & puiſſent paſſer le défilé le plus vîte qu'il ſera poſſible.

La première diviſion de la colonne & toutes les autres ſe reformeront à meſure qu'elles auront paſſé le défilé.

Si le temps le permet, & que les Soldats ne ſoient pas trop fatigués, on pourra faire durer ces promenades pendant deux heures, mais jamais plus de trois.

Quand on aura été un certain temps ſans faire faire cette promenade à une Légion, on obſervera la première fois de mener les Soldats ſans armes ni havre-ſac, la ſeconde fois avec les armes ſans havre-ſac, & la troiſième fois on leur fera porter l'un & l'autre.

TITRE 33 & dernier.

Retour d'une Légion après les manœuvres.

LORSQU'APRÈS les manœuvres, le Commandant jugera à propos de faire rentrer la Légion dans ſon quartier, il avertira les Officiers de reprendre leur place de parade; cet avertiſſement ſera ſuivi d'un roulement, après lequel les Officiers ſe placeront à la tête de leurs compagnie & diviſion.

Le Commandant ramènera enſuite la Légion à ſon quartier d'aſſemblée dans le même ordre qu'il en ſera parti, ou en marchant en colonne renverſée s'il le juge à propos; les Tambours ne battront que lorſque la Légion ſera prête d'arriver audit quartier d'aſſemblée, auquel ſignal les Soldats porteront les armes, & les Dragons mettront le ſabre à la main.

Dès que la Légion ſera arrivée & formée ſur le terrein de ſon quartier d'aſſemblée, le Commandant fera remettre le ſabre, & donnera ſes ordres pour que chaque Capitaine remène ſa compagnie à ſon quartier particulier, où il la formera le dos tourné au quartier ou aux écuries; après quoi il fera les commandemens preſcrits pour mettre pied à terre; mais au lieu du quatrième commandement, *reprenez vos rangs*, il commandera *face en tête.* A ce commandement, les Dragons feront *demi-tour à droite*, en ſe portant à la tête de leurs chevaux; ce qui étant exécuté, il commandera *demi-tour à droite;* alors les quatre rangs feront *demi-tour à droite par cheval*, & les Dragons du dernier rang, devenu le premier, rentreront aux écuries; le ſecond, le troiſième & ſucceſſivement le quatrième rang, en feront de même.

A l'égard de l'Infanterie, le Capitaine commandera à ſa compagnie, *demi-tour à droite* & *haut les armes*, ce dernier mouvement s'exécutera comme il eſt preſcrit au premier temps du premier commandement du maniement des armes, il commandera enſuite *marche;* alors les Soldats partiront du pied gauche, & après avoir marché deux pas enſemble, ils s'en retourneront chacun chez eux, remettant la baïonnette en ſon lieu ſi elle n'y eſt pas déjà.

Si au lieu de faire les diſpoſitions ci-deſſus, le Commandant juge à propos de faire rentrer tout de ſuite les Soldats dans leurs chambres, & les chevaux aux écuries à meſure qu'ils arriveront dans le quartier, il donnera ſes ordres en conſéquence.

L'intention de Sa Majeſté eſt que toutes ſes Légions

de Troupes-légères ſe conforment avec la plus grande exactitude à tout ce qui eſt preſcrit par la préſente Inſtruction ; défendant aux Officiers généraux, aux Commandans des Corps, de ſouffrir qu'il y ſoit rien changé, augmenté ni retranché, en quelque manière & ſous quelque prétexte que ce ſoit ; & aux Majors & autres Officiers qui commanderont les exercices & manœuvres, de faire exécuter d'autres temps ni mouvemens que ceux qui y ſont preſcrits.

FAIT à Verſailles le premier mai mil ſept cent ſoixante-neuf. *Signé* LOUIS. *Et plus bas*, LE DUC DE CHOISEUL.

COMMANDEMENS

COMMANDEMENS

prescrits pour les différens Maniemens des armes.

DU MANIEMENT DU FUSIL POUR L'INFANTERIE.

		temps.
1.er	*BAÏONNETTE en son lieu*	7.
2.	*Portez vos armes*	3.
3.	*La platine sous le bras gauche*	3.
4.	*Portez vos armes*	3.
5.	*L'arme au bras*	3 *pour* 1.
6.	*Portez vos armes*	3 *pour* 1.
7.	*Présentez vos armes*	2.
8.	*Portez vos armes*	2.
9.	*Crosse à terre*	2.
10.	*Les armes à terre*	4.
11.	*Reprenez vos armes*	4.
12.	*Portez vos armes*	2.
13.	*Baïonnette au canon*	7.
14.	*Portez vos armes*	3.

DU MANIEMENT DES ARMES POUR L'INFANTERIE.

		temps.
1.er	*BAÏONNETTE en avant*	2.
2.	*Portez vos armes*	2.
3.	*Apprêtez vos armes*	3 *pour* 1.
4.	*En joue*	1.
5.	*Feu*	1.
6.	*Chien en son repos*	1.
7.	*La Cartouche*	3.
8.	*Fermez le bassinet*	1.
9.	*Armes à gauche*	2.
10.	*Bourrez*	6.
11.	*Portez vos armes*	2.

DU MANIEMENT DES ARMES À CHEVAL POUR LES DRAGONS.

		temps.
1.er	*HAUT les armes*	2.
2.	*Apprêtez vos armes*	1.
3.	*En joue*	1.
4.	*Feu*	1.
5.	*Chien en son repos*	1.
6.	*La cartouche*	3.
7.	*Fermez le bassinet*	1.
8.	*Armes à gauche*	2.
9.	*Bourrez*	6.
10.	*Haut les armes*	1.
11.	*L'arme en son lieu*	1.
12.	*Decouvrez les pistolets*	1.
13.	*Pistolet à la main*	1.
14.	*Apprêtez le pistolet*	2.
15.	*En joue*	1.
16.	*Feu*	2.
17.	*Couvrez les pistolets*	1.
18.	*Dégagez le sabre*	1.
19.	*Sabre à la main*	1.
20.	*Haut le sabre*	1.
21.	*Portez le sabre*	1.
22.	*Remettez le sabre*	2.
23.	*Ajustez vos rênes*	2.

DU MANIEMENT DU MOUSQUETON À PIED POUR LES DRAGONS.

		temps.
1.er	*LA platine sous le bras gauche*	2.
2.	*Portez vos armes*	2.
3.	*L'arme au bras* ... 3 *pour*	1.
4.	*Portez vos armes* ... 3 *pour*	1.
5.	*Présentez vos armes*	1.
6.	*Portez vos armes*	1.
7.	*Crosse à terre*	2.
8.	*Portez vos armes*	2.

DU MANIEMENT DES ARMES À PIED POUR LES DRAGONS.

		temps.
1.er	*APPRÊTEZ vos armes* ... 2 *pour*	1.
2.	*En joue*	1.
3.	*Feu*	1.
4.	*Chien en repos*	1.
5.	*La cartouche*	3.
6.	*Fermez le bassinet*	1.
7.	*Armes à gauche*	2.
8.	*Bourrez*	6.
9.	*Portez vos armes*	1.

INSTRUCTION

INSTRUCTION

Que LE ROI *a fait dreſſer, pour régler les principes d'Équitation néceſſaires à obſerver par ſes Légions de Troupes-légères.*

IL y aura, pour chaque régiment, deux chevaux de bois, ou plus s'il en eſt beſoin, pour donner les premiers principes aux Commençans, & on ne les fera monter à cheval que lorſqu'ils ſeront bien confirmés dans ces premières leçons.

DE L'ÉQUIPEMENT DU CHEVAL.

Comment il faut ſeller un cheval.

IL faut relever les ſangles & la croupière ſur le ſiége, prendre la ſelle de la main gauche à l'arcade de l'arçon de devant, & de la main droite au trouſſequin, on la poſe doucement ſur le corps du cheval ſans le ſurprendre, & après avoir paſſé la croupière, on élève la ſelle pour la porter en avant, & on ſangle le cheval par degré, de manière que la ſangle de derrière ſoit moins ſerrée que celle de devant.

Comment il faut que la ſelle ſoit placée.

IL faut, pour que la ſelle ne ſoit ni trop en avant, ni trop en arrière, que le devant du quartier tombe d'à-plomb ſur le coude du cheval.

Attentions qu'il faut avoir pour que la ſelle ne bleſſe point le cheval.

IL faut qu'on puiſſe paſſer aiſément trois doigts entre l'arcade de la ſelle & le garrot.

Que la croupière ſoit aiſée & non tendue, ce qui inquiéteroit le cheval & pourroit le faire ruer; qu'il n'y ait point de crins entre le culeron & la queue du cheval:

Qu'il n'y ait aucun contre-ſanglon ni porte-étriers, entre la ſelle & le corps du cheval :

Que le poitrail ſoit au-deſſus du mouvement de l'épaule, & qu'il ne ſoit pas trop ſerré :

Que le cheval ne ſoit ni trop ni trop peu ſanglé, & que les boucles des étrivières ſoient cachées par les quartiers de la ſelle.

Comment il faut brider un cheval.

Il faut prendre avec la main droite tous les crins du toupet, en plaçant le coude droit ſur l'encolure du cheval; on élève enſuite la têtière que l'on tient de la main gauche, pour la ſaiſir par le milieu du deſſus de tête avec le pouce & le premier doigt de la main droite, ſans abandonner le toupet, laiſſant pendre le mors au-deſſous de la bouche du cheval : la main gauche ayant quitté la têtière, va guider le mors, en le ſoutenant ſous l'angle du canon avec le pouce, plaçant en même temps les autres doigts par-derrière la branche droite, dans la bouche du cheval au-deſſus des crochets pour la lui faire ouvrir; alors la main droite élevant la têtière, fait entrer le mors qui eſt guidé par le pouce gauche : la main gauche empoignant enſuite le toupet entre le deſſus de tête & le frontal de la bride, donne la liberté à la main droite d'y paſſer les oreilles, commençant toujours par celle du hors-montoir, & dégageant bien tous les crins du toupet; on paſſe auparavant le bridon au cheval, comme il vient d'être preſcrit pour la bride.

On boucle enſuite la muſerolle, puis la ſous-gorge, & l'on met la gourmette en la prenant par le dernier maillon avec le pouce & le ſecond doigt de la main droite, préſentant le plus gros côté en dedans; on l'accroche en pouſſant avec le premier doigt le ſecond maillon dans le crochet, que l'on contient de la main gauche par-derrière l'œil du mors avec les deux premiers doigts; on ſoutient pendant ce temps les rênes ſur le bras gauche, ou on les passe auparavant sur le cou du cheval, pour agir plus librement.

Dans une alerte, on mettra la gourmette avant la muserolle & la sous-gorge, pouvant se passer de ces deux dernières pièces pour conduire son cheval.

Attentions qu'il faut avoir pour que le mors soit bien placé & le cheval bien bridé.

Il faut que le mors porte au-dessus des crochets sans les toucher; plus il est bas, plus le cheval y est sensible; le point le plus convenable, est à un travers de doigt environ au-dessus des crochets d'en haut, mais pas plus élevé, parce qu'il feroit froncer les lèvres.

Que la gourmette soit sur son plat, & qu'elle soit placée entre la bride & le bridon, afin que ce dernier puisse agir sans la faire remuer; il est essentiel que le crochet & l'S soient de la même longueur, afin que le milieu de la gourmette, qui est l'endroit le plus fort, porte sur le milieu de la barbe du cheval, & que l'appui de la gourmette ne se fasse pas sentir plus d'un côté que de l'autre; il faut de plus que la muserolle soit serrée sans qu'elle gêne trop le cheval; que la sous-gorge soit aisée, & que le frontal du bridon ou du licol soit entièrement caché par celui de la bride.

Attentions qu'il faut avoir pour mettre un cavesson à un cheval.

Il faut que le cavesson soit placé assez haut pour ne point gêner la respiration, & que la muserolle passe sous les montans du gros bridon (ou entre le montant de la bride & du bridon, si le cheval est bridé) & la fausse sous-gorge par-dessus les deux:

Que l'un & l'autre soient bien serrés pour que le cavesson ne puisse pas tourner, ce qui feroit porter la jouelière de dehors sur l'œil du cheval, la sous-gorge doit être aisée.

PREMIERS ÉLÉMENS D'ÉQUITATION, *ou* LEÇONS DU CHEVAL DE BOIS.

Comment on doit monter à cheval.

IL faut s'approcher de l'épaule du cheval, prendre le bout des rênes de la main droite, pour les élever & les saisir de la main gauche, au point qu'elles ne fassent pas reculer le cheval, prenant en même temps une poignée de crins; on jette ensuite de la main droite le bout des rênes sur le cou du cheval pour prendre l'étrier gauche; après quoi on met le pied gauche à l'étrier, du côté de la boucle de l'étrivière, ou du côté opposé pour les selles à la hussarde, & on porte la main droite sur le troussequin ou cuillère, pour s'élever sur le pied gauche, le genou d'à-plomb, en s'élançant de la pointe du pied droit sans tirer la selle à soi : après être resté un temps le corps bien droit sur l'étrier, on passe la jambe droite, bien tendue, par-dessus la croupe sans la toucher, & dans le même moment la main droite se porte sur l'arçon de devant, le pouce en dehors & les autres doigts en dedans, pour soutenir le corps & arriver légèrement en selle.

Dans les premières leçons qu'on donnera aux Dragons sur le cheval de bois, on leur expliquera la posture qu'ils doivent garder à cheval, en se conformant à ce qui suit :

De la manière dont il faut être placé à cheval.

IL faut que les deux fesses portent également sur la selle :

Que l'assiette soit le plus près du pommeau qu'il est possible :

Que les reins soient droits & bien soutenus :

Que le haut du corps soit aisé, libre & droit sur les hanches, & qu'il contienne l'assiette par son propre poids & son équilibre :

Que les épaules soient libres, tombantes, ouvertes par-devant & plattes par-derrière :

Que les bras soient libres, les coudes tombans d'à-plomb sur les hanches sans être ouverts ni serrés :

Que

Que la main de la bride ſoit écartée d'environ trois ou quatre doigts du corps, & élevée au-deſſus du pommeau de la ſelle d'environ deux ou trois doigts, relativement à l'eſpèce de ſelles :

Que le petit doigt ſoit entre les deux rênes; les doigts fermés, & que le pouce ſoit auſſi fermé pour les contenir égales :

Que le poignet ſoit bien ſoutenu & un peu plus élevé à la naiſſance du pouce que l'avant-bras ; que les doigts ſoient en face du corps, que le petit doigt ſoit plus près du ventre que le haut du poignet :

Que la main droite tombe naturellement ſur le côté lorſqu'elle n'eſt point occupée ; mais lorſqu'elle tient un ſabre ou une gaule, il faut qu'elle ſoit preſque à même hauteur que la main gauche, & à même diſtance du corps, obſervant qu'il y ait aſſez d'intervalle entr'elles pour que l'une n'empêche pas l'effet de l'autre :

Que la tête ſoit droite & libre :

Que les cuiſſes, depuis les hanches juſqu'aux genoux, tombent d'à-plomb le plus qu'il eſt poſſible, ſur les ſelles à la françoiſe, & un peu moins ſur les ſelles à la huſſarde; qu'elles ſoient tournées en dedans & bien collées ſur la ſelle, ſans roideur :

Que le pli des genoux ſoit liant, pour bien opérer des jambes :

Que les jambes ſoient libres & tombantes ſous les genoux:

Que les pieds ſoient parallèles au corps du cheval, c'eſt-à-dire, tournés comme les genoux, ſans eſtropier les chevilles des pieds :

Que les pointes des pieds, lorſqu'on eſt ſans étriers, tombent naturellement.

Lorſqu'on ſe ſert des étriers, il faut, pour qu'ils ſoient au point convenable, qu'ils ſoutiennent le poids des pieds, de manière que le talon ſoit un peu plus bas que la pointe du pied ; observant de placer la racine du pouce sur le milieu de la grille ; excepté, lorsqu'on manœuvre en escadron qu'il faut avoir les étriers chaussés, c'est-à-dire, que la grille de l'étrier touche le talon de la botte : quant aux selles à la hussarde, on tiendra les étriers un peu plus courts.

Après avoir établi la posture du Dragon, on lui fera les commandemens suivans pour lui apprendre à mener son cheval ; & on aura attention qu'il ne déplace aucune partie de son corps pour agir de celles qui lui seront indiquées.

Leçon pour mener son cheval avec la bride.

Commandemens.

1. *Ajustez vos rênes.*

On les saisira avec le pouce & le premier doigt de la main droite, au-dessus de la main gauche, & on les élèvera perpendiculairement entre les deux yeux, coulant la main jusqu'au bouton, les deux derniers doigts ouverts, les ongles en avant & le coude plus bas d'un demi-pied que la main droite ; on ouvrira en même temps un peu les doigts de la main gauche, le pouce élevé pour laisser couler les rênes & les égaliser, après quoi la main droite les abattant se remettra à sa position.

Le Dragon ayant le corps & la main bien placés, on lui expliquera que dans tous les mouvemens de la main, soit qu'elle se porte en avant, qu'elle se hausse, qu'elle se baisse, qu'elle se porte *à droite* ou qu'elle se porte *à gauche*, qu'il faut que tout le bras suive son mouvement, & sans jamais que l'épaule agisse, ce qui déplaceroit le corps & occasionneroit de la roideur.

On observera de faire déranger quelquefois l'assiette au Dragon sur le cheval de bois pour lui apprendre à la retrouver lorsqu'elle est dérangée par l'action de son cheval, en se conformant à ce qui est prescrit par le commandement suivant.

2. *Jetez votre assiette à droite.*

On jettera son assiette *à droite* d'un coup de hanche seulement, sans se pencher ni sans déranger le haut du corps.

3. *Jetez votre assiette à gauche.*

Ce sera le contraire pour jeter l'assiette *à gauche.*

4. *Redressez votre assiette.*

On se remettra droit en selle d'un coup de hanche.

5. *Avancez le côté droit (ou gauche).*

On avancera le côté désigné, le corps tournant sur le pivot des reins.

6. *Prenez garde à vous.*

A cet avertissement, on approchera un peu les deux jambes, en assurant la main pour rassembler son cheval & le disposer à marcher.

7. *Marche.*

On fermera les deux jambes, selon le besoin, ayant la main suffisamment légère pour donner la liberté au cheval d'avancer.

8. *Rassemblez votre cheval.*

On fermera les deux jambes en formant un *demi-arrêt ;* & dès que le cheval se soutiendra & sera d'à-plomb, on replacera la main & les jambes.

On aura attention que la main & les jambes soient bien d'accord ensemble, relativement à ce qu'on voudra demander à son cheval, c'est-à-dire, qu'il faut que les aides des jambes précèdent celles de la main lorsqu'on veut déterminer son cheval en avant, le rassembler & lui donner de l'action, & qu'au contraire il faut que l'aide de la main précède celles des jambes lorsqu'on veut diminuer l'action d'un cheval ou le déterminer *à droite* ou *à gauche.*

On aura aussi attention toutes les fois qu'on se servira des jambes, de les approcher du corps du cheval par degrés, c'est-à-dire doucement & sans à-coup, & de les relâcher de même, sans que les genoux se dérangent ni quittent les quartiers de la selle ; il faut pour cela avoir le pli des genoux bien liant.

9. *La main légère.*

On baissera le poignet environ un ou deux pouces, plus

ou moins, ſuivant le beſoin, obſervant que l'avant-bras ſuive le mouvement du poignet, pour qu'il ſoit toujours ſoutenu; on le replacera enſuite à ſa poſition.

10. *Formez un demi-arrêt.*

ON élèvera la main par degrés & près du corps ſans le toucher juſqu'à ce que le cheval ſuſpende ſon allure; on ſe ſervira enſuite de l'aide des jambes pour mettre ſon cheval d'à-plomb s'il eſt néceſſaire.

11. *Tournez votre cheval à droite.*

ON portera la main à environ un demi-pied en avant de ſa poſition, en la ſoutenant à droite & ſentant les deux rênes égales; dès que l'épaule ſera déterminée, on fermera la jambe droite, ayant la main légère.

12. *Tournez votre cheval à gauche.*

ON ſoutiendra de même la main en avant & à gauche, le coude détaché du corps, & on fermera la jambe gauche.

13. *Appuyez à droite.*

ON ſoutiendra la main en avant & à droite, portant en même temps le poids du corps à droite; les épaules du cheval étant déterminées, on fermera la jambe gauche pour faire ſuivre les hanches, les contenant de la jambe droite ſelon le beſoin.

14. *Appuyez à gauche.*

ON ſe conformera aux mêmes principes en exécutant les mouvemens contraires.

15. *Prenez le bridon de la main droite.*

ON prendra par-deſſus les rênes de la bride le bridon par le milieu, les ongles en deſſous, pour tenir le cheval au même degré qu'on le tiendra de la bride, & on aura auſſitôt la main gauche légère.

On pourra ſe ſervir de temps en temps de la bride & du bridon alternativement pour ralentir ſon cheval ou lui rafraîchir les barres, mais jamais des deux à la fois.

16. *Lâchez le bridon.*

ON aſſurera la main de la bride en raſſemblant ſon cheval, & on abandonnera le bridon ſur le cou du cheval.

17. *Pincez*

17. *Pincez des deux.*

Lorsqu'un cheval n'obéira pas aux jambes, on appuiera vigoureusement les deux talons derrière les sangles, & sans à-coup, le corps & la main assurés, & un temps après on relâchera les jambes.

18. *Rendez la main.*

On prendra à un demi-pied de la main gauche les rênes à pleine main de la main droite, le pouce en dessus, on la portera au-dessus de la gauche, le poignet bien soutenu & près du corps, les ongles faisant face au corps; dans cette situation on formera un *demi-arrêt* en élevant la main droite & ouvrant un peu les doigts de la main gauche, le pouce élevé, la jambe de dedans ou les deux jambes près; lorsque le cheval se soutiendra, on baissera la main droite jusque vers le pommeau de la selle plus ou moins, en relâchant les jambes, passant la main droite entre le corps & la main gauche, qui restera à portée de reprendre les rênes; on ramènera ensuite les rênes dans la main gauche en élevant la main droite près du corps, & dans l'instant qu'on commencera à sentir la bouche du cheval, on approchera la jambe de dedans ou les deux jambes pour le rassembler, après quoi la main droite abandonnera les rênes.

19. *Raccourcissez* (ou *alongez vos rênes*).

On les prendra de la main droite, comme il vient d'être prescrit pour rendre la main, & ouvrant les doigts de la main gauche, on les raccourcira ou on les alongera selon le besoin.

20. *Halte.*

On mettra un peu le haut du corps en arrière sans sortir de l'à-plomb, en soutenant les reins en avant, & on élèvera en même temps la main par degrés & près du corps sans le toucher, la jambe de dedans ou les deux jambes près.

Dès que le cheval se sera arrêté, on relâchera les jambes & la main pour qu'il ne recule pas.

21. *En arrière, marche.*

Mêmes principes que pour arrêter, observant d'avoir la main légère toutes les fois que le cheval obéira à l'effet de la main.

Si le cheval laiſſoit tomber ſes hanches à droite, on fermeroit davantage la jambe droite, ſans porter la main trop de ce côté, parce qu'il faut, autant qu'il eſt poſſible, contenir les épaules ſur la ligne où l'on a commencé à reculer.

Pour arrêter un cheval en reculant, il faut fermer les deux jambes, la main légère, & dès que le cheval s'arrête on relâche les jambes.

22. *Prenez la bride dans la main droite.*

On prendra la bride de la main droite, comme il eſt preſcrit pour rendre la main, & on aura le poignet bien ſoutenu près du corps & vis-à-vis la poitrine, les doigts également éloignés du corps, alors la main gauche tombera ſur le côté, ne devant tenir la bride que de l'une ou de l'autre main, & jamais des deux à la fois.

On mènera ſon cheval de la main droite dans les inſtructions particulières & lorſqu'on marchera à main gauche dans le manège, en ſuivant les mêmes principes qui ſont indiqués pour la main gauche; mais lorſqu'on ſera dans les rangs & pendant les manœuvres, on tiendra la bride de la main gauche.

Lorſqu'ayant la bride dans la main droite, on voudra ajuſter ſes rênes, on les prendra de la main gauche & on les ajuſtera comme il eſt preſcrit au premier commandement, & on les replacera enſuite dans la main droite.

Leçon pour mener ſon cheval en bridon d'écurie.

1. *Séparez vos rênes.*

On prendra une rêne dans chaque main, les ongles preſque en deſſous, le pouce alongé ſur chaque rêne, les poignets ſéparés l'un de l'autre d'environ un demi-pied, & à hauteur des coudes, qui doivent tomber naturellement ſur les hanches.

2. *Prenez garde à vous.*

A cet avertiſſement, on approchera un peu les deux jambes, en aſſurant les poignets pour raſſembler ſon cheval & le diſpoſer à marcher.

3. *Marche.*

On fermera les jambes ſelon le beſoin, en molliſſant ſuffiſamment les poignets pour donner la liberté au cheval d'avancer (ce qui s'appellera la *main légère*).

4. *Tournez votre cheval à droite.*

On écartera la rêne droite en la tirant à côté de ſoi, les ongles en deſſous, la main gauche ſuffiſamment légère; l'épaule étant décidée, on fermera la jambe droite la main légère pour déterminer le cheval.

On pourra tourner ſon cheval des deux rênes dans les allures vives, en élevant les poignets & les ſoutenant un peu à droite.

5. *Tournez votre cheval à gauche.*

On ſe conformera aux mêmes principes en exécutant les mouvemens contraires.

6. *Croiſez vos rênes dans la main gauche.*

On paſſera la rêne droite dans la main gauche pour la placer ſous la rêne gauche, de façon que l'extrémité ſupérieure ſorte du poignet gauche du côté du petit doigt, & on aura alors la main droite libre.

7. *Séparez vos rênes.*

Comme il eſt preſcrit au premier commandement.

8. *Halte.*

On mettra un peu le haut du corps en arrière ſans ſortir de l'à-plomb, en ſoutenant les reins en avant; on tirera les rênes à côté de ſoi en portant les coudes en arrrière & élevant un peu les poignets, la jambe de dedans ou les deux jambes près.

Dès que le cheval ſe ſera arrêté, on relâchera les jambes & la main pour qu'il ne recule pas.

Si le cheval n'obéiſſoit pas, on emploîroit les moyens ſuivans:

9. *Sciez du bridon.*

On tirera alternativement chaque rêne du bridon plus ou moins fort, ſuivant la ſenſibilité du cheval.

10. *Pied à terre.*

On prendra de la main droite par-deſſous les rênes une poignée de crins que l'on ſaiſira de la main gauche; on portera enſuite la main droite ſur l'arçon de devant, le pouce en dehors, les autres doigts en dedans; après quoi on s'élèvera ſur l'étrier gauche, paſſant la jambe droite, bien tendue, par-deſſus la croupe ſans la toucher, & dans le même moment la main droite ſe portera ſur le trouſſequin pour ſoutenir le corps qui reſtera un temps d'à-plomb ſur l'étrier gauche; on deſcendra enſuite légèrement ſans tirer la ſelle à ſoi, arrivant à terre ſur la pointe du pied droit.

Il eſt eſſentiel de mettre les Dragons bien au fait des termes dont on ſe ſert dans la leçon du cheval de bois, afin que leur attention ne ſoit pas trop partagée lorſqu'ils ſeront exercés ſur leurs chevaux.

Lorſque les Dragons concevront & exécuteront bien les mouvemens preſcrits ci-deſſus, & qu'ils ſeront ſuffiſamment inſtruits de tout ce qui concerne la leçon du cheval de bois; alors on les fera monter à cheval pour les exercer dans les manèges.

De la manière dont il faut mener ſon cheval en main, pour ſe rendre ſur le lieu deſtiné à monter à cheval.

Lorsqu'il aura été ordonné aux Dragons de ſe rendre aux manèges à pied, ils mèneront leurs chevaux par le gros bridon ou par la bride, qu'ils tiendront de la main droite, les ongles en deſſus, au-deſſous & à ſix pouces environ des branches du mors, ſoutenant le bout des rênes de la main gauche, les ongles tournés en deſſous; & lorſqu'ils y ſeront arrivés, ils ſe rangeront ſur un ou pluſieurs rangs: ſi les chevaux ſont bridés, ils mettront la gourmette & ſe placeront enſuite en avant, tournant le dos à leurs chevaux, ayant le bras gauche paſſé entre les deux rênes & les tenant à pleine main de la main gauche, à un pied environ de l'extrémité, le poignet à hauteur du creux de l'eſtomac.

On

On obſervera de faire mener les chevaux en main alternativement un jour de la main droite, & un autre jour de la main gauche.

Les Dragons s'étant rendus au manège, l'Officier chargé de donner leçon, les fera monter à cheval, & diſtribuera alors ſon travail comme il le jugera à propos; il exercera ou fera exercer les Commençans ſans étriers pour qu'ils prennent bien le fond de la ſelle, & leurs chevaux ſeront en bridon d'écurie avec un petit bridon.

On ſe conformera dans les leçons qu'on donnera aux Dragons, aux mêmes principes qui ſont établis ci-devant, ſans y rien changer.

Lorſqu'on commencera à faire monter les Dragons à cheval, on les fera marcher au pas, à la longe d'abord carrément, tenant la longe fort courte pour les conduire & les faire tourner à chaque coin; on leur fera enſuite achever la repriſe, en les faiſant marcher circulairement au pas & au trot, les arrêtant ſouvent & les faiſant reculer quelquefois pour qu'ils acquèrent en peu de temps l'intelligence de conduire leurs chevaux.

On aura attention que les Dragons s'accoutument à ſe ſervir de leurs mains & de leurs jambes, ſans que le corps ſe dérange de ſon aſſiette; ſi, par exemple, en portant la main à gauche on y portoit auſſi le corps, ce ſeroit un faux mouvement, puiſqu'il feroit perdre l'à-plomb : ſi, pour tourner un cheval à gauche, tenant la bride dans la main gauche on reculoit l'épaule gauche, ce ſeroit employer de la roideur, puiſqu'il faut que le bras agiſſe librement; ſi enfin en fermant une ou les deux jambes, les genoux remontoient ou ſe tournoient en dehors, ce ſeroit un faux mouvement, puiſque les jambes doivent ſe fermer ſans déplacer les genoux : il en eſt de même de tous les mouvemens des différentes parties du corps, il ne doit y avoir abſolument que les parties néceſſaires qui agiſſent pour conſerver l'à-plomb, acquérir de l'aiſance & parvenir à avoir de la grâce à cheval.

A mesure que les Dragons se fortifieront & travailleront avec plus d'intelligence, on les fera marcher en cercle, la demi-épaule ou l'épaule en dedans aux deux mains, & on leur apprendra à conduire leurs chevaux avec la bride.

POUR marcher en cercle, la demi-épaule ou l'épaule en dedans.

LE cheval marchant sur une ligne circulaire, il faut porter l'épaule en dedans, plus ou moins, & fermer la jambe de dedans; dès que le cheval y répondra, on aura aussitôt la main légère pour lui donner la facilité de cheminer; un ou deux pas après, on assurera la main en fermant la jambe de dedans : à mesure que le cheval prendra l'intelligence de ce qu'on lui demandera, on le pressera davantage & il ira de côté, l'épaule décrivant le cercle intérieur & les hanches celui de la circonférence, ayant toujours attention de diriger les épaules sur le cercle qu'elles devront parcourir, de les y entretenir & de les y reporter si elles s'en écartoient.

Pour arrêter son cheval dans ce mouvement, il faut de même soutenir un peu les reins en avant, & élever la main jusqu'au point où le cheval s'arrête, relâcher la jambe de dedans & avoir ensuite la main légère.

Après que les Dragons auront été exercés à la longe le temps nécessaire, & qu'on les jugera en état de marcher en liberté, on en fera marcher un certain nombre à la fois.

On observera quelquefois, en les faisant sortir du rang, de ne pas faire défiler ceux qui seront de suite, pour accoutumer les chevaux à sortir seuls du rang.

Jusqu'à ce que les Dragons soient bien confirmés dans leur posture, on ne leur fera exécuter d'autres manœuvres que de doubler, changer de main & contre-changer de main sur une piste; on leur fera faire de plus des *à droite*, des *à gauche*, des *demi-tours à droite* & des *demi-tours à gauche*, & finir enſuite leurs chevaux au pas, marchant en cercle la demi-épaule ou l'épaule en dedans.

Lorſqu'on jugera qu'ils ſeront en état d'exécuter des manœuvres plus compoſées, on les fera changer de main & contre-changer de main ſur deux piſtes, appuyer de droite & de gauche par des pas de côté, ſoit de pied-ferme ou en marchant, & marcher au galop en doublant & changeant de main.

CHANGEMENT de main ſur deux piſtes.

SI c'eſt de droite à gauche, après avoir paſſé l'un des coins du manège & s'être reporté en avant d'environ deux longueurs de cheval, on portera l'épaule à droite en y portant le poids du corps; on fermera enſuite la jambe gauche pour chaſſer les hanches, les contenant de la jambe de dedans qui doit déterminer le cheval plus ou moins en avant; arrivé ſur la ligne oppoſée à celle d'où l'on ſera parti, on formera un *demi-arrêt* en fermant les deux jambes & relâchant enſuite la jambe de dehors, on aura la main légère pour donner la liberté au cheval de ſe porter en avant.

PAS de côté ſur une ligne à droite.

MÊMES principes que ci-deſſus, obſervant que la jambe de dedans contienne les hanches & empêche le cheval de reculer, & que la main dirige les épaules ſur une ligne droite ſans avancer ni reculer.

Pour arrêter ſon cheval dans ce mouvement, il faut ſoutenir un peu les reins en avant en élevant ſuffiſamment la main, & relâcher les jambes, commençant par celle de dehors, & enſuite avoir la main légère.

Il ne faut commencer à donner la leçon des pas de côté, que lorſque le cheval obéit bien à la leçon de l'épaule en dedans, & on ne doit donner cette dernière, que quand le cheval obéit bien aux jambes & aux éperons, en avant & par le droit.

DU GALOP.

LORSQU'ON fera marcher les Dragons au galop, on les fera partir du *pas au trot* & du *trot au galop*, & on aura attention qu'ils ralentiſſent leurs chevaux en les raſſemblant pour paſſer les coins.

Dans les changemens de main qui ſe feront au galop, on obſervera dans les commencemens de ralentir ſon cheval au trot en arrivant au mur oppoſé, pour le faire reprendre ſur le pied de dedans; lorſqu'enſuite le cheval aura acquis de la ſoupleſſe, on le fera reprendre d'un ſeul temps en formant un demi-arrêt les deux jambes près & la main légère enſuite.

On aura auſſi attention, dans les commencemens, d'arrêter ſon cheval du *galop au trot* & du *trot au pas*, pour enſuite faire *halte*.

Il eſt eſſentiel ſur-tout de s'attacher à ce que les Dragons mettent leurs chevaux bien droits en marchant, c'eſt-à-dire, que les hanches ſoient vis-à-vis des épaules & ſur la même ligne; c'eſt l'attitude où ils ont le plus de force, où ils ſe raſſemblent le mieux, & où ils ſont le plus légers à la main.

On ne peut parvenir à mettre ſes chevaux bien droits que lorſqu'on a acquis une grande juſteſſe à cheval, c'eſt pourquoi dans les leçons qu'on donnera aux Dragons, il faudra avoir grande attention à leur faire redreſſer leur aſſiette pour peu qu'elle ne ſoit pas juſte.

On diviſera, après quelque temps de travail, les Dragons en pluſieurs claſſes, afin d'exercer ces différentes claſſes relativement aux progrès des Dragons qui les compoſeront.

On exercera quelquefois les Dragons de la première claſſe, armés en guerre; & on leur fera faire de temps en temps une repriſe entière, ayant le ſabre à la main.

A meſure qu'ils ſe fortifieront & qu'on les jugera en état de manœuvrer par diviſion de douze, de ſeize ou de

vingt-quatre

vingt-quatre hommes, ſelon la grandeur du terrein, on les fera marcher tous enſemble par deux, par quatre, leur faiſant exécuter des *à droite*, des *à gauche*, des *demi-tours à droite* & *demi-tours à gauche* par quatre, ſe former ſur deux rangs, exécuter des mouvemens de converſion par troupe, marcher en avant bien alignés, aller à la charge *le ſabre haut*, faire des *demi-tours à droite* par homme, &c.

On fera tirer ſouvent des coups de piſtolets dans les manèges, d'abord en détail & puis par rang ou par troupe, pour accoutumer les chevaux au feu, ſe conformant d'ailleurs à ce qui eſt preſcrit ci-devant à la ſeizième manœuvre.

Tout Dragon de la première claſſe qui, par négligence, mauvaiſe volonté ou inconſtance, ſe trouvera en défaut ſur quelque partie de l'exercice de cette claſſe, ou qui n'y fera aucun progrès, ſera remis à la ſeconde claſſe ou à la longe, juſqu'à ce que par ſon travail il mérite de rentrer dans la première; on en uſera de même à l'égard de la ſeconde claſſe.

De l'exercice du ſabre.

COMME il eſt de toute néceſſité que les Dragons ſachent ſe ſervir de leurs armes avec adreſſe, & principalement du ſabre, qui eſt l'arme avec laquelle ils doivent combattre à cheval, il eſt indiſpenſable de leur apprendre à s'en ſervir avec avantage.

Pour cet effet, il ſera établi un Maître-d'armes & un Prévôt par eſcadron, qui ſeront choiſis dans le nombre des Dragons les plus propres & les plus intelligens pour cet exercice, leſquels, après s'être mis en état de donner leçon, exerceront les Dragons à l'eſpadon, d'abord à pied, & enſuite ſur le cheval de bois.

De la courſe des têtes.

POUR contribuer encore avec plus de ſuccès, à perfectionner les Dragons dans les différens exercices, à conduire leurs chevaux, à ſe ſervir de leurs armes, à acquérir de l'expérience, & devenir déterminés & entreprenans, on exercera ceux de la première classe à la course des têtes de la manière suivante.

Les Dragons destinés à la course des têtes, s'étant rendus dans le manège ou autre lieu destiné à cet exercice, seront partagés en deux divisions qui seront formées chacune sur deux rangs & placées l'une à un bout du manège & l'autre à l'autre bout, se faisant face; on observera de laisser la place nécessaire derrière elles pour qu'un cheval puisse y passer aisément.

On placera sur des chandeliers de bois, d'environ cinq pieds & demi de haut, des têtes de toile rembourrés de foin & disposées le long des grands côtés du manège, au nombre de quatre de chaque côté, & à deux pas du mur.

Lorsqu'on voudra commencer la course des têtes, le Dragon de la gauche du premier rang de chaque division se placera dans le coin du manège à sa gauche, mettra le pistolet à la main, & l'apprêtera pour le tenir ensuite le bout élevé, la main à hauteur de l'épaule; au commandement *marche*, ils se porteront en avant pour doubler chacun de leur côté entre la première & la seconde tête & revenir sur leurs pas.

Lorsqu'ils arriveront ensuite chacun à la hauteur de la seconde tête (qui sera seule écartée du mur, de quatre grands pas) ils déploieront doucement le bras & tireront leur coup de pistolet sur cet objet, ils remettront tout de suite le pistolet dans la fonte & mettront vivement le sabre à la main, continuant de marcher.

Lorsqu'ils arriveront chacun vers le milieu du bout du manège, il doubleront par le milieu, faisant alors *haut le sabre,* pour marcher l'un vers l'autre & se charger en croisant le *sabre* & faisant un *quart de tour,* après lequel ils se porteront, chacun de leur côté, pour rejoindre le mur, portant le sabre à l'épaule, & continueront de marcher le long du manège.

Lorſqu'ils auront paſſé le ſecond coin, ils feront *haut le ſabre,* pour ſabrer de haut en bas la première tête qu'ils rencontreront; après quoi ils placeront le ſabre vis-à-vis l'épaule, le tenant perpendiculaire, le poignet à hauteur & à ſix pouces de diſtance de l'épaule, ils donneront le coup de revers en arrivant à la troiſième tête, pour la ſabrer horizontalement en déployant le bras de toute ſa longueur; après quoi ils achèveront de déployer encore le bras en arrière pour enſuite l'élever doucement avec aiſance & amener la pointe du ſabre en avant, le bras alongé, le poignet tourné en tierce & à hauteur de l'épaule; dans cette ſituation, ils dirigeront la pointe du ſabre ſur la dernière tête, & à meſure qu'ils s'en approcheront, ils ramèneront le coude en arrière, en ployant le bras & en tournant peu à-peu le poignet en quarte, & de manière que le bras & l'avant-bras forment une équerre, le coude à hauteur de l'épaule, ainſi que le poignet.

Arrivant ſur la tête, ils la pointeront ſans à-coup & l'enlèveront en alongeant le bras haut de toute ſa longueur, la pointe de la lame & le poignet perpendiculaires à l'épaule droite, ils continueront de marcher ainſi juſqu'à ce qu'ils ſoient arrivés au coin de la diviſion oppoſée à celle dont ils ſeront partis, où ils feront *halte,* porteront le ſabre à l'épaule & ſe rangeront à la droite du premier rang; après quoi ils rendront la tête qu'ils auront pointée & remettront le ſabre dans le fourreau.

Si on vouloit les faire retourner à leur diviſion, on les feroit doubler, mais il eſt mieux de les laiſſer parcourir la ligne droite pour alonger les chevaux.

Dès que ces Dragons ſeront prêts de finir leurs courſes, ceux de la gauche du ſecond rang de chaque diviſion ſe placeront de même dans le coin, pour être prêts à partir au commandement, *marche,* & alternativement ceux du premier & du ſecond rang.

On exercera d'abord les Dragons ſur un cheval de bois,

à tous les mouvemens & positions du pistolet & du sabre qui viennent d'être prescrits pour la course des têtes : on les fera se servir aussi du mousqueton pour les exercer également à l'une & à l'autre arme : on les exercera ensuite sur leurs chevaux, d'abord *au pas* & *au trot*, jusqu'à ce qu'ils soient bien confirmés dans toutes ces différentes positions, & alors ils exécuteront cette course *au galop.*

On aura attention à ce que les Dragons ne mettent aucune espece de balles dans leurs pistolets ou mousqueton, la bourre seule suffisant pour abattre la tête à sept ou huit pieds de distance & même plus.

On fera faire à chaque Dragon quatre ou cinq courses au moins, & même plus, si on le juge à propos.

MOYENS de dresser les chevaux.

LA douceur & la patience sont absolument nécessaires pour dresser les chevaux ; on ne doit exiger d'eux que ce qne leurs forces leur permettent de faire, & on ne doit employer les châtimens que pour dernière ressource.

C'est à l'écurie qu'on accoutume les chevaux à les seller & à les brider, en les y amenant insensiblement.

Un jeune cheval doit être débourré autour d'une longe avant d'être monté ; il en devient plus libre & par conséquent moins dans le cas de faire des sottises.

Il faut l'arrêter souvent en le faisant venir à soi, & le carresser.

Lorsqu'un cheval saute & veut galoper, étant à la longe, il faut la secouer horizontalement & légèrement, ou lui donner de petites saccades de cavesson pour le remettre *au trot* ou *au pas.*

Après qu'on l'aura arrêté & fait venir à soi, on le fera reculer quelques pas, en lui donnant quelques légères saccades de cavesson & quelques petits coups de gaule sur les jambes

jambes de devant; dès qu'il aura obéi quelques pas, on le careſſera; il importe peu dans les commencemens qu'il recule droit ou non, pourvu qu'il comprenne ce qu'on lui demande; s'il n'obéiſſoit point au caveſſon, on prendroit, ſans le monter, les rênes du bridon, que l'on éleveroit pour le faire reculer, en continuant de ſe ſervir du caveſſon & même de la gaule.

Il ſera bon de ſeller les jeunes chevaux pour les accoutumer à la ſelle, & pour les monter & les deſcendre pluſieurs fois de ſuite.

Si le cheval eſt en âge d'être monté, & qu'il ait quatre ans faits, on le fera monter par un Dragon de la première claſſe & à la longe, pour faire faire au cheval, étant monté, ce qu'il faiſoit ne l'étant pas; & on lui fera connoître les aides inſenſiblement.

Quand le Dragon fera bien obéir ſon cheval à la longe, il lui fera faire les mêmes choſes en liberté; mais ſi le cheval avoit de la diſpoſition à ſe défendre & n'obéiſſoit point aux aides du Dragon ni à la chambrière de celui qui lui donneroit leçon, il faudroit remettre le cheval à la longe, & en uſer ainſi juſqu'à ce qu'il obéiſſe parfaitement en liberté.

ATTENTIONS qu'il faut avoir pour les chevaux qui ſe défendent.

LORSQU'UN cheval donne des coups de tête en avant, ce qui s'appelle *battre à la main,* il faut tenir la main aſſurée dans ce moment & les jambes près.

Lorſqu'un cheval fait *une pointe,* c'eſt-à-dire lorſqu'il s'élève du devant, il faut avoir la main légère; car ſi on ſe tenoit à la bride, on courroit riſque de faire renverſer le cheval ſur ſoi.

Lorſqu'en fermant une jambe, le cheval ſe défend en donnant un coup de pied au talon (ce qui s'appelle *ruer à la botte*), il faut le pincer vigoureusement pour le châtier.

Lorsqu'un cheval rue, il faut mettre le haut du corps en arrière & soutenir la main en avant & ferme en approchant les jambes, & le pincer des deux s'il continue.

Lorsqu'un cheval hésite de se porter en avant, il faut le chasser des jambes, en le décidant de la main en avant; & s'il s'y refusoit, il faudroit le pincer vigoureusement: la plupart des chevaux qui se défendent, ne le font que parce qu'on se tient à la main, c'est pourquoi il faut leur donner beaucoup de liberté.

Il y a des chevaux qui se défendent par foiblesse, il ne faut exiger de ceux-là que ce que leurs forces leur permettent de faire.

Les chevaux qui se défendent par la peur que leur cause quelque objet, ne sont point dans le cas du châtiment; il ne faut point prétendre de les aguerrir en les brusquant, mais en leur donnant de la confiance; & pour y parvenir, il faut continuer de les porter en avant sans vouloir les approcher trop de l'objet qu'ils craignent.

Il faut qu'un jeune cheval soit bien souple au *trot alongé* avant de le mettre au *galop*.

Lorsqu'on commencera à mettre un jeune cheval au galop, on lui fera faire quelques tours, & on l'arrêtera ensuite du *galop au trop* & du *trot au pas*.

Pour préparer un cheval au pas de côté, il faut auparavant le mettre sur les cercles, la demi-épaule en dedans, & ensuite l'épaule en dedans pendant quelques jours; comme le cheval est obligé dans cette leçon de passer la jambe de dedans par-devant celle de dehors, ce mouvement lui donne de la liberté, l'assouplit & l'oblige à se soutenir, ce qui lui forme la bouche & la lui rend légère; lorsque le cheval commencera à s'assouplir, on lui fera faire quelques pas de côté fort doucement; si le cheval s'y refusoit, on le remettroit sur les cercles l'épaule en dedans jusqu'à ce qu'il devienne docile.

Lorsqu'on arrête un cheval, il faut y aller fort doucement dans les commencemens, de même que pour le reculer, afin de ne point lui fatiguer les jarrets ni les reins.

Il y a des chevaux qui ont l'arrêt sourd & qui n'obéissent pas aux premiers effets de la main, ceux-là exigent plus de précautions & de patience.

Lorsqu'après avoir reculé un cheval, on voudra le porter tout de suite en avant, il ne faudra point trop le précipiter, mais le rassembler doucement pour lui donner la facilité de s'y porter. Toutes les fois qu'un cheval obéit à ce qu'on lui demande, il faut avoir la main légère ou lui rendre la main, c'est la seule récompense qu'on puisse lui donner, comme aussi de le descendre quelquefois quand il a bien fait les choses qui lui coûtent le plus.

L'intention de Sa Majesté est que la présente Instruction soit exactement suivie, & Elle défend aux Commandans des Corps & aux Officiers chargés de la partie de l'équitation, d'y faire aucun changement.

FAIT à Versailles, le premier mai mil sept cent soixante-neuf. *Signé* LOUIS. *Et plus bas*, LE DUC DE CHOISEUL.

A PARIS, DE L'IMPRIMERIE ROYALE 1782.

www.ingramcontent.com/pod-product-compliance
Ingram Content Group UK Ltd.
Pitfield, Milton Keynes, MK11 3LW, UK
UKHW020241180726
13839UKWH00001B/113

9 782329 583518